现代企业管理系列教材同步综合练习

人力资源开发与管理
同步综合练习

刘善敏　编

科学出版社
北　京

内 容 简 介

本书是为了配套现代企业管理系列教材《人力资源开发与管理》而编写的教学练习册。编写的目的是为了帮助读者总结和巩固人力资源开发与管理的课程知识，提高读者的应试能力。全书依据人力资源开发与管理考试大纲、按最新体例分章节进行编写，并配有多套全真模拟演练题，便于读者自测知识掌握情况，更加扎实地掌握学习内容。

本书可作为广东省高等教育自学考试“人力资源开发与管理”配套用书，也可作为普通高等院校经济管理类学生的学习参考书。

图书在版编目(CIP)数据

人力资源开发与管理同步综合练习/刘善敏编．—北京：科学出版社，2014

现代企业管理系列教材同步综合练习

ISBN 978-7-03-041791-6

Ⅰ.①人… Ⅱ.①刘… Ⅲ.①人力资源开发-习题集②人力资源管理-习题集 Ⅳ.①F241-44

中国版本图书馆 CIP 数据核字（2014）第 203894 号

责任编辑：张　宁／责任校对：朱光兰

责任印制：霍　兵／封面设计：蓝正设计

科学出版社出版

北京东黄城根北街16号

邮政编码：100717

http://www.sciencep.com

文林印务有限公司印刷

科学出版社发行　各地新华书店经销

*

2014 年 9 月第　一　版　　开本：787×1092　1/16

2014 年 9 月第一次印刷　　印张：10 3/4

字数：254 000

定价：38.00 元

（如有印装质量问题，我社负责调换）

编写说明

本书是为了配套现代企业管理专业系列教材《人力资源开发与管理》而编写的教学练习册。人力资源开发与管理（课程代码 06093）作为广东省高等教育自学考试现代企业管理（本科）专业必考的专业课，是为了培养和检验自学应考者的人力资源开发与管理的基本理论、基本知识和基本技能而设置的一门基础课。本门课程所使用的教材为刘善敏编，科学出版社 2011 年 6 月出版的《人力资源开发与管理》。

编写依据：

1. 广东省高等教育自学考试指导委员会颁布的《人力资源开发与管理自学考试大纲》；

2. 广东省高等教育自学考试指导委员会指定教材《人力资源开发与管理》（科学出版社，刘善敏编）。

本书的特点：

1. 以考试大纲规定的考试内容、考核知识点和考核要求为线索，按最新体例分章节进行编写。每章均列有考核内容，并将每一章节可能出现的考核知识按考试题型编写练习题，以便考生扎实、准确地掌握本章内容。

2. 本书含多套全真模拟演练题，贴近全真试题，命题科学，解答准确，便于考生模拟考试、自测知识掌握情况。

书中难免有不足和纰漏，恳请读者批评指正。

《人力资源开发与管理》编写小组

2014 年 8 月

目　录

Contents

第1章 人力资源管理概述

考核内容

人力资源、人力资本、人力资源管理的基本概念；人力资源管理部门和人力资源管理者的角色；人力资源管理的职能模式；人力资源管理的人性假设基础。

一、人力资源管理相关概念

（一）人力资源

人力资源是指一定时期内组织中的人所拥有的能够被企业所用，且对价值创造起贡献作用的知识、能力、技能、经验、体力等的总称。它包括数量和质量两个维度。

人力资源的特性可以归纳为：效用性、能动性、消耗性、不均衡性。

（二）人力资本

人力资本是作为一种生产要素而存在于人体内的具有经济价值的所有知识、技能、体力和健康等的总和，其能够为投资者现在和未来带来一定的现金流。它反映了人力资源质量的差别。

人力资本投资的主要途径有：教育投资、职业培训、医疗保健投资、人力迁移投资。

（三）人力资源管理

人力资源管理是指组织为了实现既定的目标，运用现代管理措施和手段，对人力资源的取得、开发、保持和运用等方面进行管理的一系列活动的总和。

企业对人的管理大致经历了三个发展阶段：人事管理、人力资源管理和战略性人力资源管理。

二、人力资源管理职能

（一）人力资源管理的角色

人力资源管理部门的角色有：发展战略的策划者、业务部门的战略伙伴、组织管理的技术幕僚、员工的代言人、变革的推进者、行政事务专家、内部公关高手。

人力资源从业人员应具备的才能：功能性才能、企业管理的才能、组织才能、个人的才能。

（二）人力资源管理的职能模式与组织结构

(1) 产品导向的职能模式。

(2) 客户导向的职能模式。

三、人力资源管理的人性假设

（一）X、Y、Z 理论内容

(1) X 理论与经济人假设。

(2) Y 理论与社会人假设。

(3) Z 理论与“复杂人”假设。

（二）X、Y、Z 理论在人力资源管理中的应用

（1）X 理论的应用。

（2）Y 理论的应用。

（3）Z 理论的应用。

重点和难点

本章应掌握的主要知识点：（1）人力资源、人力资本、人力资源管理基本概念；（2）结合实际分析人力资源管理部门和人力资源管理者的角色；（3）人力资源管理各职能内容；（4）理解企业处于不同发展阶段时的人力资源管理各重要职能；（5）人力资源管理的人性假设基础及应用。

同步综合练习题

一、单项选择题

1. 衡量一个组织的人力资源状况，可以从人力资源的（　　）维度进行。

A. 数量　　B. 质量

C. 存量　　D. 数量和质量

2. 人力资源可以通过激励实现资源价值的不断增长，也可能因为激励不当，而导致消极价值的产生，这说明人力资源具有(　　)。

A. 效用性　　B. 能动性

C. 消耗性　　D. 不均衡性

3. 人力资源在使用过程中，面临着生理性、精神性和家庭性的消耗，这说明人力资源具有(　　)。

A. 效用性　　B. 能动性

C. 消耗性　　D. 不均衡性

4. 人力资源管理是一门科学，更是一门(　　)。

A. 艺术　　B. 显学　　C. 隐学　　D. 玄学

5. 人力资本是作为一种生产要素而存在于人体内的具有经济价值的所有知识、技能、体力和健康等的总和，它反映了人力资源的（　　）差别。

A. 数量　　B. 质量　　C. 素质　　D. 价值

6. 既作为一种生产要素存在于人体内的具有经济价值的所有知识、技能、体力和健康等的总和，又能够反映人力资源质量差异的指标是(　　)。

A. 人力资源　　B. 人力资源数量

C. 人力资本　　D. 人力资本投资

7. 从与所有者的关系角度考虑，人力资本区别于财务资本的主要特征是(　　)。

A. 价格难以评估　　B. 不可分性

C. 流动性　　D. 溢出性

8. 通过学习、交流和示范，可以影响其他人力资本价值的发挥，增加企业内外人力资本总量，这一点体现了人力资本的（　　）特征。

A. 价格难以评估　　B. 收益不确定性

C. 流动性　　D. 溢出性

9. 整个人力资本投资中最重要的投资渠道是(　　)。

A. 教育投资　　B. 职业培训

C. 医疗保健投资　　D. 人力迁移投资

10. 组织为了实现既定的目标，运用现代管理措施和手段，对人力资源的取得、开发、保持和运用等方面进行管理的一系列活动的总和指的是(　　)。

A. 人力资本　　B. 人力资源管理

C. 人力资源　　D. 人力资本管理

11. 在人力资源管理职能中，培训与发展属于人员的(　　)。

A. 流入　　B. 流出　　C. 使用　　D. 维护

12. 人力资源管理初级阶段的人事部门具有（　　）的地位，体现在既具一定的参谋性又具一定的决策性。

A. 服务性　　B. 咨询性　　C. 半独立性　　D. 控制性

13. 管理角色转变中，从作业程序与短期的战术性操作的维度上看，人力资源经理被称为（　　），负责构建人力资源各项管理基础工作、组织绩效评估等。

A. 设计师　　B. 代理人

C. 领导者　　D. 行政管理专家

14. 从企业的总体出发，立足全局，关注长远，力求管理理念、组织制度和方法的创新，不断提升人力资源竞争的优势，这指的是人力资源管理的（　　）职能。

A. 服务性　　B. 战略性

C. 经营性　　D. 全局性

15. “运用正确的方式方法，做正确的事情”这是（　　）所强调的核心。

A. 方向性战略管理　　B. 系统性资源管理

C. 风险性投资管理　　D. 交易性实务管理

16. 直接了解业务部门的具体业务、发展方向，为业务部门提供主动式服务。这体现了人力资源部门的（　　）角色。

A. 发展战略的策划者　　B. 组织管理的技术幕僚

C. 业务部门的战略伙伴　　D. 行政事务专家

17. 人力资源经理战略思维的胜任特征中提到，一个合格的人力资源经理要了解企业各部门的技术特征，能把各部门的职能有机地组合起来，从而形成(　　)。

A. 企业理念　　B. 企业文化

C. 企业使命　　D. 企业战略

18. 人力资源管理产品导向职能模式的（　　）职能，主要体现在福利管理、职业安全与卫生、辞职与辞退管理、人事记录等方面。

A. 组织、计划与获取职能　　B. 激励与开发职能

C. 企业管理职能　　D. 维持和维护职能

19. 在客户导向的职能模式中，(　　）是价值链的起点和最终环节，是人力资源管理业务流程的核心。

A. 客户　　B. 员工

C. 人力资源经理　　D. 政府和其他机构

20. 各个业务模块的组织结构已逐步建立起来，公司人数一般为100～200人，人力资源部的日常性工作已由专人负责等。这些特征属于企业的(　　)。

A. 低级阶段　　B. 初级阶段

C. 中级阶段　　D. 高级阶段

21. 人力资源管理制度化建设开始是在企业发展阶段的（　　），通过有效的人力资源制度建设来达到留住人才、激励人才、培育人才的目标。

A. 低级阶段　　B. 初级阶段

C. 中级阶段　　D. 高级阶段

22. 在国际上，大中型优秀企业配置的人力资源部专职人员能够占公司总人数的(　　)。

A. 0.5%　　B. 1%

C. 1.5%　　D. 2%

23. 最高阶段的人力资源部和人力资源管理在公司内部的存在方式分别是(　　)。

A. 不存在　无处不在　　B. 不存在 不存在

C. 存在　　无处不在　　D. 存在　　间或存在

24. 真正把人性假设作为人力资源管理学中一个重要问题来加以探讨的学者是(　　)。

A. 美国 沙因　　B. 日裔美籍 大内

C. 美国 薛恩等　　D. 美国 麦格雷戈

25. 本质上是以人性恶为出发点的假设是(　　)。

A. X 理论　　B. Y 理论

C. Z 理论　　D. 复杂人假设

26. 以“人是整体的统一”为核心的假设是(　　)。

A. 经济人假设　　B. 社会人假设

C. 自我实现人假设　　D. 复杂人假设

27. 企业在社会生活中所担当的角色和责任，表明了企业存在的根本意义，是企业进行所有活动的根本原因，也是企业文化的重要维度，以上讲到的是(　　)。

A. 企业理念　　B. 企业使命

C. 企业文化　　D. 企业目标

28. 中美集团将薪资结构转变为“基本工资+岗位工资+绩效工资+社会保险+年终奖金+股票期权”的形式，此举措的优点不包括(　　)。

A. 承认员工的个人利益，并努力寻找企业和员工利益的共同点

B. 主动与员工分享企业发展的成果

C. 激发员工的工作热情和职业自豪感

D. 通过建立价值分享体系来支撑企业战略目标的实现

二、多项选择题

1. 人力资源质量是指组织中的人所拥有的（　　）等的总和。

A. 知识　　B. 能力

C. 技能　　D. 经验

E. 体力

2. 人力资源特性主要包括(　　)。

A. 效用性　　B. 能动性

C. 消耗性　　D. 不均衡性

E. 生物性

3. 人力资本相对于其他资本来说，具有的特性主要包括(　　)。

A. 不可分性　　B. 价值难以评估性

C. 收益不确定性　　D. 流动性

E. 溢出性

4. 人力资本投资的主要途径有(　　)。

A. 学校教育　　B. 职业培训

C. 资本投资　　D. 医疗保健

E. 人力迁移

5. 下列有关人力资源管理理论与人力资本理论的关系描述正确的是(　　)。

A. 现代人力资源管理理论是以人力资本理论为根据的

B. 人力资本理论是人力资源管理理论的基础部分和重要内容

C. 人力资源管理理论与人力资本理论差异不大，可以相互替代

D. 人力资源理论是人力资本理论的基础

E. 两者都是在研究人力作为生产要素在经济增长和发展理论中的作用中产生的

6. 人力资源管理的基本任务是(　　)。

A. 吸引、保留组织所需要的人力资源

B. 提高员工的工作效率和工作积极性

C. 激励和开发组织所需要的人力资源

D. 促成组织目标的实现

E. 期望达到留住人才、激励人才、培育人才的目标

7. 人力资源管理的基本职能通常包括(　　)。

A. 人力资源规划与工作分析　　B. 招聘与选拔

C. 职业生涯规划　　D. 培训与发展

E. 薪酬福利管理与劳动关系

8. 企业对人的管理大致经历了（　　）三个发展阶段。

A. 企业组织管理　　B. 人事管理

C. 人力资源管理　　D. 战略性人力资源管理

E. 经营性人力资源管理

9. 企业对人的管理经历的发展阶段在转变过程中，具有的主要特点是(　　)。

A. 组织性质的转变　　B. 管理角色的转变

C. 管理职能的转变　　D. 管理战略的转变

E. 管理模式的转变

10. 近年来，国外的一些人力资源管理专家从（　　）四个维度剖析了战略性人力资源管理在企业经营管理中的角色转变和新的定位。

A. 管理程序　　B. 管理对象

C. 管理目标　　D. 管理期限

E. 管理性质

11. 从员工与企业长期发展战略的维度上看，人力资源经理被称为(　　)。

A. 企业员工培训与技能开发推动者　B. 实施员工管理的行政管理专家

C. 组织发展和组织变革的设计师　　D. 企业改革的代理人

E. 企业经营战略合作伙伴

12. 人力资源管理部门的角色定位有(　　)。
A. 发展战略的策划者　　B. 业务部门的战略伙伴
C. 组织技术的幕僚　　D. 员工的代言人与变革的推进者
E. 行政事务专家与内部公关高手
13. 现代企业人力资源从业人员应具备四个方面的才能，包括(　　)。
A. 功能性才能　　B. 企业管理的才能
C. 组织的才能　　D. 领导的才能
E. 个人的才能
14. 人力资源管理的职能模式包括(　　)。
A. 目标导向型　　B. 市场导向型
C. 产品导向型　　D. 客户导向型
E. 服务导向型
15. 人力资源管理的产品导向职能模式中，主要职能有（　　）三个方面。
A. 组织、计划与获取职能　　B. 激励与开发职能
C. 满足客户需求职能　　D. 企业管理的职能
E. 维持和维护职能
16. 人力资源的开发职能主要体现在（　　）环节上。
A. 员工的引导　　B. 员工培训
C. 员工开发　　D. 员工职业生涯设计
E. 员工的管理
17. 人力资源职能的客户可以分为（　　）两类。
A. 内部客户　　B. 潜在客户
C. 现实客户　　D. 外部客户
E. 原有客户
18. 企业的发展阶段有(　　)。
A. 初始创业阶段　　B. 发展的初始阶段
C. 中级阶段　　D. 高级阶段
E. 最高阶段
19. 企业中级阶段人力资源部典型的组织结构包括(　　)。
A. 负责户口、档案、保险等　　B. 考核
C. 薪酬管理　　D. 对员工能力的管理
E. 外聘人力资源管理专家团
20. 高级阶段总部人力资源管理的作用主要体现在(　　)。
A. 把握人力资源的总体政策
B. 完善人力资源管理的组织体系、系统性策划
C. 组织与推进人力资源管理体系的建设
D. 具体推进人力资源管理工作
E. 在集团范围内推动企业文化建设、人力资源管理工作的整体协调与监督
21. 麦格雷戈在《企业的人性方面》一书中曾把流行于当时管理活动中的人性假设称为

X 理论，这一理论认为(　　)。

A. 一般人就本性而言大都趋利避害、好逸恶劳，只要有可能，他们总是设法逃避工作

B. 要想使绝大多数人努力工作，实现组织目标，必须通过强迫、处罚、威胁等手段

C. 在解决种种组织问题时，大多数人具有相对的高度想象力、机智和创造的能力

D. 一般人大多得过且过、逃避责任，把个人的安全看成是最重要的

E. 人能够相互信任

22. Y 理论与 X 理论的不同之处在于(　　)。

A. 反对把人看作与动物一样趋利避害、好逸恶劳、不负责任

B. 看到了劳动的目的性是作为人与动物区别标志的本质特点

C. 看到了人的自觉能动性和创造力

D. 重视人的尊严与价值，强调人的需求的差异性

E. 是对 X 理论的一种发展，发展了人的社会属性

23. 在 Y 理论的应用中，员工从经济人向社会人转变时，人力资源管理工作者需要从满足人的（　　）等需求方面来激励员工。

A. 安全　　B. 物质

C. 娱乐　　D. 交际

E. 自我提高

24. 与复杂人性假设的 Z 理论相对应的人力资源管理工作包括（　　）四个方面。

A. 树立核心价值观　　B. 建立企业使命

C. 创造条件使个人和组织的目标融合一致　　D. 拥有共同愿景

E. 根据员工的差异实现多维度的管理

25. 制定人力资源战略的三阶段规划是(　　)。

A. 确定核心岗位的职责及其要求　　B. 在集团内部进行人力资源的优化配置

C. 搭建体系性构架，夯实管理基础　　D. 系统规划，综合提升

E. 完善升级，实施前瞻性管理

三、简答题

1. 人力资本的特征包括哪几个方面？
2. 简述人力资本投资的主要途径。
3. 现代企业人力资源管理部门有哪几种角色？
4. 现代企业人力资源从业人员应具备哪些才能？
5. 企业如何制定人力资源战略？

四、论述题

1. 人力资本投资包括哪几种途径？
2. 人力资源的激励与开发职能体现在哪几个方面？
3. 人力资源的维持与维护职能主要体现在哪几个方面？

4. Z 理论包括哪几个观点？

五、案例分析

案例一

联想集团从 1984 年创业时的 11 个人、20 万元资金发展到今天已拥有近 7000 名员工、16 亿元资产、累计上缴利税 10.5 亿元，成为具有一定规模的贸、工、技一体化的中国民营高科技企业。当外界纷纷探索“联想为什么”的时候，当一大批优秀的年轻人被联想的外部光环吸引来联想的时候，我们不妨走入联想内部，去看看联想的人力资源管理。

1. 观念的转变：从“蜡烛”到“蓄电池”

和每一个企业的成长历史相类似，联想也经历了初创、成长到成熟几个阶段。在企业成长过程中，随着企业规模扩大，企业领导层越来越认识到人的作用。1995 年，集团“人事部”改名为“人力资源部”，这种改变不仅是名称变化，更是一种观念的更新。

蒋北麒先生说：“过去的人才管理把人视作蜡烛，不停地燃烧直至告别社会舞台。而现在，把人才看作是资源，人好比蓄电池，可以不断地充电、放电。现在的管理强调人和岗位适配，强调人才的二次开发。对人才的管理不仅是让他为企业创造财富，同时也要让他寻找到最适合的岗位，最大限度地发挥自身潜能，体现个人价值，有利于自我成长。”

中关村是人才争夺重地，贝尔实验室、微软研究院、IBM 研究中心等外资研发机构纷纷在此安营扎寨。在这场人才抢夺战中，联想并不是被动挨打，而是主动迎战。他们认为这些跨国公司的进入，刺激了中国的人才市场搞活，同时也给国内企业提供了一个更新人才观念，改变管理机制的学习机会。为此，联想提出了自己的崭新理论：项链理论。也就是说，人才竞争不在于把最大最好的珠子买回，而是要先理好自己的一条线，形成完善的管理机制，把一颗颗珍珠串起来，串成一条精美的项链。而没有这条线，珠子再大再多还是一盘散沙。没有好的管理来形成强有力的企业凝聚力，仅仅依赖高薪也难留住人才。

2. 在赛马中识别好马

联想为那些肯努力、肯上进并肯为之奋斗的年轻人提供了很多机会。今天，联想集团管理层的平均年龄只有 31.5 岁。联想电脑公司的总经理杨元庆、联想科技发展公司总经理郭为、联想科技园区的总经理陈国栋……都是没有超过 35 岁的年轻人，他们各自掌握着几亿元，甚至几十亿元营业额的决策权。从 1990 年起，联想就开始大量提拔和使用年轻人，几乎每年都有数十名年轻人受到提拔和重用。联想对管理者提出的口号是：你不会授权，你将不会被授权；你不会提拔人，你将不被提拔，从制度上保证年轻人的脱颖而出。

联想起用年轻人采取的策略是“在赛马中识别好马”。这包括三个方面的含义：①要有“赛场”，即为人才提供合适的岗位；②要有“跑道”划分，不能乱哄哄挤作一团，必须引导他们有秩序竞争；③要制定比赛规则，即建立一套较为科学的绩效考核和奖励评估系统。

媒体评论说联想“爱折腾”。从 1994 年开始，每到新年度的三四月间都会进行组织机构、业务结构的调整。在这些调整中，管理模式、人员变动都极大。通过“折腾”，联想给员工提供尽可能多的竞争机会，在工作中崭露头角的年轻人脱颖而出，而那些故步自封，跟不上时代变化的人就会被淘汰——这就是“在赛马中识别好马”。

3. 善于学习、善于进步

联想注重向世界知名的大公司请教。在人力资源管理上，IBM、HP等都是他们的老师，和这些公司的人力资源部保持着密切的关系。同时，他们与国际上一些知名的顾问咨询公司合作，引入先进的管理方法与观念。他们和CRG咨询公司合作，参照该公司的“国际职位评估体系”在联想集团开展了岗位评估，统一工薪项目，推行“适才适岗、适岗适酬”的管理方针。蒋北麒经理介绍说：“适才适岗，要求首先对岗位进行分析评估，岗位职责明确并有量化考核指标；其次对员工的技能素质、心理素质和潜质等进行分析。同时，还必须有一套机制来保证适才适岗。通过建立企业内部劳动力市场，通过轮岗制度，来实现人和岗位的最佳配置。”

请回答下列问题：

1. 案例中涉及了哪些人力资源管理职能？

2. 请谈谈你对人才从“蜡烛”到“蓄电池”转变的看法，这反映了从“人事管理”到“人力资源管理”哪些方面的变化？

3. 联想集团对人性的假设属于哪一类？

4. 对于珍珠项链理念，你认为还可以补充些什么内容？

案例二

A企业成立于2000年，是一家集机床设备、家用电器和中央空调于一体的批发及零售企业。下设机床设备、家用电器及中央空调三个分公司以及一个卖场。共有员工150名，其中管理层15名，业务员20名，营业员115名。家用电器主要代理台州区域美的家用空调、美的冰箱，年销售额2亿元。中央空调代理台州区域美的隐藏式中央空调，经营美的中央空调、美的中央热水器、大金中央空调和约克中央空调，年销售额4000万元。A企业一直坚持一贯传承下来的经营模式，鼓励员工通过自我学习来提高个人能力。近年来，企业业绩平平。

H企业创建于1996年，地处西北地区的中心城市西安，是一家专注于医药健康产业的民营高科技企业。业务范围包括医药科技、医药原料、药物合成。在微乳及脂质体等制剂技术领域有较大优势，特别是脂质体技术达到世界领先水平。近年来，H企业结合员工所从事的工作需要、学历程度等，对其进行以岗位和专业为主的各类培训。同时，健全相应的培训制度，使接受培训与劳动报酬挂钩。员工在接受培训时积极性较高，促进了企业业绩的翻倍提升。

请回答下列问题：

1. 案例中，H企业业绩较A企业在业绩方面有显著的提高，主要是由于H企业在增加个体人力资本时采用了哪种途径进行人力资本的投资？

2. 请补充除1中提到的，还可以采取哪种途径进行人力资本的投资？

3. 结合案例回答，企业为什么要进行人力资本的投资？

案例三

万科企业股份有限公司，成立于1984年5月，是目前中国最大的专业住宅开发企业，也是股市里的代表性地产蓝筹股。截至2009年，已在20多个城市设立分公司。2010年公司完成新开工面积1248万平方米，实现销售面积897.7万平方米，销售金额1081.6亿元。营业收入507.1亿元，净利润72.8亿元。万科2013年前10个月销售额达1458亿元。

高业绩不可或缺的原因就是其对人才的重视。万科的人才理念是一个相当完整的体系，其中最主要的一条就是培养职业经理。对人才的基本要求都是围绕这一理念展开的。所谓“职业”的概念就是“以此谋生，精于此业”，职业经理人自然就是要以管理为生，精于管理。从初级管理层到决策管理层的全部管理人员组成公司的职业经理队伍，职业经理承担了公司的主要管理任务。

万科创业者很早就完成了转化为职业经理人的定位，很早就在企业内部建立了完善的经理人制度，从而避免了许多民营企业创始合伙人之间的冲突和震荡，使管理团队得以长期稳定，并且形成了系统的经理人文化，理性的创业者和优秀的职业经理团队使万科在管理上能够集中精力，做细、做深、做透，不仅能在本地区积聚优势，而且建成了跨地区管理的高效体系。

请回答下列问题：

1. 借鉴万科企业的案例总结表述，人力资源经理的胜任特征可以表现在哪些方面？

2. 万科的人力资源管理发展阶段主要体现了管理模式的转变，请结合案例详述战略性人力资源管理在管理思想和模式上发生的飞跃有哪些？

3. 案例中提到万科企业很早就完成了职业经理人的定位，请参考此案例并回答现代企业人力资源管理部门应具有哪些角色？

参考答案

一、单项选择题

1. D	2. B	3. C	4. A	5. B
6. C	7. B	8. D	9. A	10. B
11. C	12. C	13. D	14. B	15. A
16. C	17. B	18. D	19. A	20. B
21. C	22. B	23. A	24. D	25. A
26. D	27. B	28. C		

二、多项选择题

1. ABCDE	2. ABCD	3. ABCDE	4. ABDE	5. ABE
6. ACD	7. ABCDE	8. BCD	9. ABCE	10. ABDE
11. ACD	12. ABCDE	13. ABCE	14. CD	15. ABE
16. ABCDE	17. AD	18. ABCDE	19. BCD	20. ABCE
21. ABD	22. ABCE	23. ACDE	24. ABDE	25. CDE

三、简答题

1. 人力资本的特征主要包括：

（1）不可分性。

（2）价值难以评估。

（3）收益的不确定性。

（4）流动性。

（5）溢出性。

2. 人力资本投资的主要途径：

（1）教育投资。

（2）职业培训。

（3）医疗保健投资。

（4）人力迁移投资。

3. 现代企业人力资源管理部门的角色主要有：

（1）发展战略的策划者。

（2）业务部门的战略伙伴。

（3）组织管理的技术幕僚。

（4）员工的代言人。

（5）变革的推进者。

（6）行政事务专家。

（7）内部公关高手。

4. 现代企业人力资源从业人员应具备的才能主要有：

（1）功能性才能。

（2）企业管理的才能。

（3）组织才能。

（4）个人的才能。

5. 制定人力资源战略的主要步骤：

（1）搭建体系性构架，夯实管理基础。

（2）系统规划，综合提升。

（3）完善升级，实施前瞻性管理。

四、论述题

1. 人力资本投资的途径：

（1）教育投资。它是指以一定的成本支出为代价，获得在各种正规学校里系统地接受初等、中等、高等文化只是教育机会的一种投资活动，它是整个人力资本投资中最重要的投资渠道。

（2）职业培训。它是指在正规的学校以外，由企业或者其他机构为员工提高生产技术，学习和掌握新技能而举办和提供的教育与培训。

(3) 医疗保健投资。它指的是通过医疗、卫生、营养、保健等投人方式以恢复、维持或提高个人的健康水平，进而提高个人生产能力的一种投资方式。

(4) 人力迁移投资。它是指通过花费一定的成本实现劳动力在地域间或产业间的迁移与流动，变更就业机会，以便更好地满足人们自身的偏好，创造更高的收入。

2. 人力资源的激励与开发职能主要体现在：

(1) 绩效管理。通过绩效考核，明确员工的工资绩效状况，然后有针对性地对员工进行激励与开发。

(2) 薪资管理。从人力资源管理的角度来看，工资与奖金主要体现和发挥激励职能。

(3) 员工引导、培训与开发。员工引导是企业引导新员工熟悉环境，消除他们的焦虑感，促使他们尽快社会化及“企业化”的过程，员工的培训与开发主要着眼于企业人力资源的保值与增值。

(4) 员工职业生涯设计与管理。职业生涯设计是员工对自己在未来一段时间甚至一生的工作情况所作的规划和设计。

3. 人力资源的维持与维护职能主要体现在：

(1) 福利管理。企业福利包括员工的生活福利和文化福利，做好福利工作有利于稳定员工队伍和提高他们的工作绩效。

(2) 职业安全与卫生。职业安全与卫生包括安全管理、职业病防治、工伤管理、女职工保护等。

(3) 辞职与辞退管理。人力资源管理包括“进”、“管”、“出”等环节，辞职与辞退管理属于“出口”管理。

(4) 人事纪律。纪律是一种带有强制约束力的行为规范，它是维护组织正常运转的重要保障。

4. Z 理论的观点主要包括：

(1) 人能够相互信任。公司的宗旨必须为全体职工所理解和接受，同时通过创立机构贯彻宗旨。

(2) 人具有微妙性。人既可能通过沟通达成理解，又可能因难以沟通而使局面陷入僵化，这表明人自身存在许多矛盾，用不同的方法处理这些矛盾，可以产生截然不同的管理后果，因此，必须发展人际关系，提倡人与人之间的理解和沟通

(3) 人与人有亲和性。一个人可能为他人和团体作出牺牲。

五、案例分析

案例一

1. 人力资源规划，工作岗位分析，职业生涯管理，绩效管理，薪酬管理。

2. 首先是观念的变化，将人才视作资源，可以不断充电，可以二次开发，可以发挥创造性；其次是管理机制的变化，抢夺优秀人才，利用好优秀人才，留住优秀人才。

3. 人性假设为 Z 理论与“复杂人”假设。

4. 系统理论思想，能级层序理论，绩效考核的重要性。

案例二

1. 职业培训。

2. 除职业培训外，还有三种人力资本投资途径，分别是：教育投资、医疗保健投资、人力迁移投资。

3. 首先，人力资本是作为一种生产要素而存在于人体内的具有经济价值的所有知识、技能、体力和健康等的总和，其能够为投资者的现在和未来带来一定的现金流。其次，人力资本反映了人力资源质量的差别，不同质量的人力资本能够为企业创造的价值也不同。

H 企业与 A 企业相比，正是由于明确了人力资本投资为企业现在和未来能够带来效益等特点，通过职业培训等途径增强个人人力资本。不但提高了员工工作的积极性和业务水平，提高了企业的效率，而且更大程度地提高了企业的业绩。

案例三

1. 人力资源经理的胜任特征主要有以下几个方面：

(1) 要有战略思维。合格的人力资源经理就要了解企业各部门的技术特征，能把各部门的职能有机地组合起来，从而形成企业文化。

(2) 人力资源经理要在管理方面为企业战略提供管理方法、薪酬设计、组织建设、绩效考评以及核心人员的管理和流程等。与企业战略紧密统一起来。

(3) 人力资源经理必须懂管理，熟悉人力资源管理工作的相关技术和经验。同时，还要了解企业市场发展的相关技术，对企业业务有一定的基础知识。

(4) 人力资源经理要有很强的沟通能力，要善于同老总、职业经理和员工沟通，要有相应的技巧和方法，以及较强的主动性。

(5) 人力资源经理要有较强的信息把握和处理能力，要有较强的敏感性。同时，要时刻有危机意识，并具有危机处理能力。

(6) 和其他经理人一样，人力资源经理要有很强的责任心，要对企业忠诚，他应该自觉地使自己的目标和企业的目标保持一致。

2. 更加突出了以下三个方面：

(1) 管理的开放性和适应性，即人力资源管理要全方位地面对市场，不仅要考虑企业内部的条件，还要重视和适应企业所处的国内与国际环境。

(2) 管理的系统性和动态性。人力资源管理是企业总体系统的重要的支持分系统，企业的人力资源是处在一个不断发展与变化的系统中，人力资源管理需要随机应变，不断地变化管理方式方法。

(3) 管理的针对性和灵活性，人力资源管理对象的特殊性，以及人力资源管理目标和要求的多样性，决定了人力资源管理的针对性和灵活性。为了满足更高、更新管理目标的实现，要求战略性人力资源管理采用和选择系统的权变的管理模式，因人、因事、因时、因地制宜才能达到理想的境界。

3. 现代企业人力资源管理部门应具有的角色包括：

(1) 发展战略的策划者。

(2) 业务部门的战略伙伴。

(3) 组织管理的技术幕僚。

(4) 员工的代言人。

(5) 变革的推进者。

(6) 行政事务专家。

(7) 内部公关高手。

第2章 人力资源战略规划

考核内容

人力资源规划的基本含义、内容及规划步骤；企业战略与人力资源规划的关系；人力资源业务外包。

一、人力资源规划概述

（一）人力资源规划的基本内容

（1）人力资源规划的含义：人力资源规划是指为了实现组织战略目标与任务，应用各种分析方法与手段，确定组织未来的人力资源需求并制定相应的人力资源方针政策的过程。

（2）人力资源规划的特点。

（3）人力资源规划的作用。

（4）人力资源规划的发展阶段。

（二）人力资源规划的基本步骤

（1）确认现阶段企业经营战略。

（2）对现有人力资源进行盘点。

（3）人力资源需求预测。

（4）人力资源供给预测。

（5）确定人才供求预测净需求。

（6）执行监控与评估。

二、企业战略与人力资源规划

（一）人力资源规划与企业战略的关系

人力资源规划与企业战略之间存在三种不同的关系：随动关系、孤立关系和结合关系。

（二）人力资源外包

（1）人力资源外包的含义：人力资源外包是策略地利用外界资源，将企业内部与人力资源相关的工作与管理责任部分或全部转由专业服务机构承担。

（2）人力资源外包的风险：来自外包服务商方面的风险、来自企业经营安全方面的风险、来自员工方面的风险、文化差异的风险。

重点和难点

本章应掌握的主要知识点：（1）人力资源规划的基本含义；（2）人力资源规划的基本内容；（3）制定人力资源规划的基本步骤；（4）企业战略对人力资源规划的影响；（5）人力资源业务外包的风险。

同步综合练习题

一、单项选择题

1. 人力资源规划是指为了实现（　　），应用各种分析方法与手段，确定组织未来的人力资源需求并制定相应的人力资源方针政策的过程。
   A. 组织的发展战略　　B. 组织的竞争优势
   C. 组织战略目标与任务　　D. 组织的目标
2. 人力资源规划的主要工作是(　　)。
   A. 确定组织未来的人力资源需求　　B. 制定必要的人力资源政策和措施
   C. 调动员工的积极性和创造性　　D. 控制人力资源成本
3. 下列有关人力资源规划描述不正确的是(　　)。
   A. 人力资源规划是企业人力资源管理的基础
   B. 由总体规划和各种业务计划构成
   C. 为管理活动提供可靠的信息和依据，保证管理活动的有序化
   D. 特殊情况下，人力资源规划的制定可以考虑不依据组织的发展战略和目标
4. 如何从劳动力市场获取企业需要的技术工人以及如何通过人力资源管理政策提高工人的生产效率，这是（　　）阶段的职能重点。
   A. 人力资源规划的产生　　B. 人力资源规划的初级
   C. 人力资源规划的发展　　D. 人力资源规划的成熟
5. 人力资源规划的职能在近百年的发展中，其含义从一般性的简单人员配置过程已发展到以（　　）为对象的重要管理过程中来。
   A. 人力资本　　B. 人力资源
   C. 企业员工　　D. 企业高管
6. 人力资源政策的实施者和人力资源战略规划的制定者和执行者指的是（　　）角色。
   A. 企业高管　　B. 直线主管
   C. HR 部门　　D. 员工
7. 总体规划和各项业务规划是根据（　　）划分的。
   A. 人力资源规划的性质　　B. 人力资源规划的期限
   C. 人力资源的层次　　D. 人力资源规划的内容
8. 按人力资源规划的期限划分，人力资源规划包括(　　)。
   A. 总体规划和业务规划　　B. 长期、中期和短期规划
   C. 战略规划、战术规划和行动方案　　D. 人员使用规划和人员晋升规划
9. 通过尽量将员工放在能够使其发挥作用的工作岗位上，以求调动员工的劳动积极性并以最低成本使用人力资源。这句话讲的是企业人力资源业务规划的(　　)。
   A. 人力资源补充规划　　B. 人力资源培训规划
   C. 人力资源晋升规划　　D. 人力资源生涯规划
10. 按照人力资源规划的期限划分，2～3 年的规划属于(　　)。
   A. 长期规划　　B. 中期规划

C. 中长期规划　　D. 短期规划

11. 人力资源战略规划的阶段不包括(　　)。

A. 信息收集和处理及总体规划的分析

B. 制订并实施与业务战略直接相关的详细计划

C. 了解内部员工对规划实施的建议

D. 对其实施的过程进行监控、评估及修正

12. 人力资源所处的企业内部环境不包括(　　)。

A. 劳动力市场　　B. 企业文化

C. 企业战略　　D. 企业的组织结构及工会

13. 下列方法中不属于需求预测方法的是(　　)。

A. 经验预测法　　B. 文献法

C. 德尔菲预测法　　D. 专家预测法

14. 人力资源供给预测是指为了满足企业未来对人力资源的需求，根据企业的内部和外部环境，选择适当的预测技术，对企业未来从内部和外部可获得的人力资源的(　　)进行预测的过程。

A. 数量　　B. 质量

C. 人力资本存量　　D. 数量和质量

15. 影响人力资源外部供给的主要因素是(　　)。

A. 工资性因素和非工资性因素　　B. 区域性因素和全国性因素

C. 社会性因素　　D. 企业因素

16. 下列关于核心人才描述不正确的是(　　)。

A. 核心人才中包含独特型人才

B. 根据人才对战略的价值，核心人才被划分为人才的一种类型

C. 核心人才是直接与企业核心能力相关、掌握了企业特殊知识和技能的人才

D. 核心人才是市场稀缺性人才，并与企业的发展息息相关

17. 由于不可控因素很多，如不进行动态监控和调整，人力资源规划项目最后就可能失去指导意义，所以要（　　）实行，并根据实际情况进行动态评估调整。

A. 多次规划 定期　　B. 一次规划 定期

C. 多次规划 分期滚动　　D. 一次规划 分期滚动

18. 人力资源规划与企业战略之间存在三种不同的关系，除了(　　)。

A. 随动关系　　B. 孤立关系

C. 依附关系　　D. 结合关系

19. 企业战略与人力资源规划相互依赖，相互完善的（　　）是现代企业人力资源规划的目标。

A. 随动关系　　B. 孤立关系

C. 依附关系　　D. 结合关系

20. 公司决定实行人力资源外包策略后，公司迅速采取的措施除了(　　)。

A. 选择外包服务商　　B. 设计新的绩效考核体系

C. 实施新的绩效考核体系　　D. 绩效考核结果反馈

21. 策略地利用外界资源，将企业内部与人力资源相关的工作与管理责任部分或全部转由专业服务机构承担的企业业务外包的一种形式是(　　)。

A. 人力资源外包　　B. 媒体公关管理外包
C. 客户服务外包　　D. 市场营销外包

22. 外包时，企业与外包商在合作过程中有关企业知识与信息的共享是必然的。由于服务商的人员素质、职业道德以及管理水平等原因，可能存在多种泄密的机会和途径。这里是指人力资源外包存在着（　　）的风险。

A. 外包服务商　　B. 企业经营安全
C. 员工　　D. 文化差异

二、多项选择题

1. 人力资源规划是指(　　)。

A. 为了实现组织战略目标与任务　　B. 应用各种分析方法与手段
C. 确定组织未来的人力资源需求　　D. 维持企业的竞争优势
E. 制定相应的人力资源方针政策的过程

2. 无论是中长期规划，还是短期规划，人力资源规划都更加强调具体职能计划方案（如招聘、薪酬、培训等）的（　　）特点。

A. 前瞻性　　B. 针对性
C. 创造性　　D. 实用性
E. 有效性

3. 人力资源规划的作用表现为(　　)。

A. 有利于组织制定战略目标和发展规划
B. 有利于人力资源管理活动的有序化
C. 确保组织生存发展过程中对人力资源的需求
D. 有利于调动员工的积极性和创造性
E. 有利于控制人力资源成本

4. 人力资源规划的发展阶段有(　　)。

A. 人力资源规划的产生阶段　　B. 人力资源规划的初级阶段
C. 人力资源规划的发展阶段　　D. 人力资源规划的成熟阶段
E. 人力资源规划的最高阶段

5. 人力资源规划的发展阶段即20世纪60年代后，人力资源规划开始被重视，在企业人力资源管理中逐渐占有重要地位。此时定义的人力资源规划的基本步骤有(　　)。

A. 确定企业目标和计划　　B. 预测人力资源需求
C. 分析企业人力资源现状及供给　　D. 确定人力资源需求
E. 制定适当的人力资源政策

6. 20世纪90年代以来，世界经济和科学技术快速发展，世界经济进程一体化速度加快，市场竞争更加激烈，（　　）已成为企业竞争优势的关键因素。

A. 核心技术　　B. 核心能力
C. 核心文化　　D. 核心素质

E. 核心人才

7. 人力资源规划的制定和推行必须要组建跨部门核心专业团队，成员包括企业高层以及（　　）等各主要部门的负责人。

A. 战略　　B. 生产与销售
C. 财务　　D. 运营
E. 人力资源

8. 人力资源补充规划包括的内容有（　　）。

A. 内部选拔　　B. 个别补充
C. 公开招聘　　D. 人员核查
E. 技能清算

9. 人力资源战略规划的主要步骤有（　　）。

A. 确认现阶段企业经营战略　　B. 对现有人力资源进行盘点
C. 人力资源需求与供给预测　　D. 确定人才供求预测净需求
E. 执行监控与评估

10. 人力资源所处的外部宏观环境主要有（　　）。

A. 政治法律环境　　B. 经济环境与劳动力市场环境
C. 企业的组织结构　　D. 科学技术环境
E. 社会文化环境

11. 对现有人力资源进行盘点，第一方面就是要摸清人力资源家底。这可通过人力资源信息管理系统收集个人（　　）等来评价企业现有人才状况。

A. 自然情况　　B. 职称结构
C. 教育资料　　D. 能力和专长
E. 所受培训

12. 人力资源需求一般是根据（　　）等因素来进行预测的。

A. 企业战略　　B. 业务增长趋势
C. 各部门工作量　　D. 企业的内外环境
E. 人员稳定性

13. 常用的人力资源需求预测方法有（　　）。

A. 经验预测法　　B. 专家预测法
C. 德尔菲预测法　　D. 数量回归方法
E. 文献法

14. 影响人力资源外部供给预测的全国性因素主要考虑（　　）。

A. 人口总量及结构的变化
B. 毕业生规模与结构
C. 公司对人才的吸引力及人才供求状况
D. 所在地教育文化水平和地区就业水平
E. 国家政策法规与人才供求关系

15. 人力资源规划成果主要体现为（　　）。

A. 人力资源总体政策规划　　B. 人员补充计划

C. 退休解聘计划　　D. 接替晋升计划
E. 素质提升计划

16. 根据人才对战略的价值，可将人才分为(　　)。
A. 核心人才　　B. 技能型人才
C. 独特人才　　D. 通用型人才
E. 辅助型人才

17. 与波特的竞争战略相协调的人力资源规划方案中，企业战略被划分为(　　)。
A. 防御型战略　　B. 创新性战略
C. 成本领先战略　　D. 差异化战略
E. 集中化战略

18. 迈尔斯和斯诺将企业战略划分为(　　)。
A. 防御者战略　　B. 风险型战略
C. 分析者战略　　D. 探索者战略
E. 集中化战略

19. 人力资源外包也具有多方面的风险，主要包括(　　)。
A. 来自外包服务商方面的风险　　B. 来自企业经营安全方面的风险
C. 来自员工方面的风险　　D. 文化差异的风险
E. 企业外部环境的风险

20. 下列关于人力资源外包文化差异的风险，描述正确的是(　　)。
A. 企业文化一旦形成就很难改变　B. 适应外包公司的文化是动力
C. 忽视企业文化必然会造成风险　D. 文化在外包服务中占有很重要的位置
E. 脱离了外包公司的文化，再好的方案注定是要失败的

三、简答题

1. 人力资源规划的概念包括哪几层含义?
2. 人力资源规划大致经历了哪几个阶段?
3. 人力资源业务规划包含哪些内容?

四、论述题

1. 人力资源规划具有哪些特点?
2. 人力资源战略规划包括哪些主要步骤?
3. 人力资源外包存在哪些风险?

五、案例分析

案例一

某公司最近决定在荷兰新开设一家工厂，以发挥其竞争优势。该公司一个重要的竞争优势是在荷兰已经有现成的生产设施；另一个优势是该公司对荷兰的劳动力具有很大的吸引力。该公司在建厂前进行了周密的战略研究。当然，它所关注的重要因素之一，就是合

格的人力资源的供给问题，公司怎样做才能使今后10年乃至20年的劳动力供给与公司的发展特点相适应。因为荷兰工人的基本特点是：在工作生涯中，并不习惯从一个地点移动到另一个地点，因此员工的工作调动很困难，而员工的更换几乎是不可能的。

鉴于这些因素，为保持其竞争优势，该公司正在试图制定一个切实可行的人力资源规划，并且结合现有生产工人的特点，拟采用工作轮换和工作丰富化的组织措施，以提高人力资源的动机性和适用性。

请回答下列问题：

1. 该公司可以通过哪几个阶段来制定公司的人力资源规划？

2. 结合该公司案例，简述人力资源规划的基本步骤。

案例二

上海惠尔物流有限公司作为专业的第三方物流供应商，为企业客户提供个性化物流解决方案。它利用遍布全国的区域分发中心（RDC）在24小时之内把客户产品送到其销售终端或客户手中（新疆、西藏除外），受到客户的好评。公司业务范围涉及运输、仓储、拆零、分拣、包装、配送和整体物流方案设计。2005年度被中国物流与采购联合会评为AAA级物流企业、2004年度“中国物流百强企业第33强”、2004年度“中国民营物流企业前10强”。

劳斯莱斯早已不生产汽车了。劳斯莱斯的汽车部门已于1972年就授权给了德国的宝马，目前主要做服务工作。据说，劳斯莱斯50%以上的收入是来自服务的。当然，这并不意味着它完全放弃了汽车生产。劳斯莱斯仍然将涡轮发动机等动力系统的核心技术掌握在自己的手里，这也是劳斯莱斯的最核心竞争力之一。另外一项核心竞争力就是其结盟能力：在生产与服务领域都广泛地结盟，与大学结盟，与世界各地的研发、供应商结盟，与全球最聪明、最有效率的公司和人合作，向全球取资源，让他们做自己最擅长的事。

日本丰田集团总公司也是如此，有160多家小企业与之发生外包交易。由于彼此间相互依赖，共享知识与技能，共同开发与生产，既降低了丰田公司由于业务的不确定性因素所导致的风险，又降低了生产成本，改进了质量，加速了新产品的开发过程。

请回答下列问题：

1. 结合上述公司案例，谈谈为什么企业要实行人力资源职能外包策略？

2. 公司将人力资源职能外包出去之后，可以迅速采取哪些措施？

3. 分析案例，概括人力资源外包策略中具有哪些方面的风险？

参考答案

一、单项选择题

1. C	2. B	3. D	4. A	5. B
6. B	7. D	8. B	9. C	10. B
11. C	12. A	13. B	14. D	15. B
16. A	17. D	18. C	19. D	20. D
21. A	22. B			

二、多项选择题

1. ABCE　2. BDE　3. ABCDE　4. ACD　5. ABCDE
6. BDE　7. ABCDE　8. ABC　9. ABCDE　10. ABED
11. ACDE　12. ABCE　13. ABCD　14. ABE　15. ABCDE
16. ACDE　17. CDE　18. ACD　19. ABCD　20. ABCDE

三、简答题

1. 人力资源规划概念包括四层含义：

(1) 人力资源规划的制定必须依据组织的发展战略和目标。

(2) 人力资源规划要适应组织内外部环境的变化。

(3) 制定必要的人力资源政策和措施是人力资源规划的主要工作。

(4) 人力资源规划的目的是使组织人力资源供需平衡，保证组织长期持续发展和员工个人利益的实现。

2. 人力资源规划大致经历的阶段：

(1) 20世纪初期至20世纪50年代，人力资源规划的产生阶段。

(2) 20世纪60～70年代，人力资源规划的发展阶段。

(3) 20世纪80年代至今，人力资源规划的成熟阶段。

3. 人力资源业务规划的主要内容：

(1) 人力资源晋升规划。

(2) 人力资源补充规划。

(3) 人力资源培训规划。

(4) 人力资源配置规划。

(5) 人力资源报酬补偿规划。

(6) 员工职业生涯规划。

(7) 人力资源退休解聘规划。

四、论述题

1. 人力资源规划的主要特点有：

(1) 人力资源规划与企业战略任务相联系，以通过人力资源活动增强企业竞争优势，实现企业战略目标为根本目的。

(2) 无论是中长期规划还是短期规划，人力资源规划都更加强调具体职能计划方案(如招聘、薪酬、培训等)的针对性、实用性和有效性。

(3) 由于经营环境更加复杂多变，人力资源规划需要满足较短期的人力资源战略要求，因而详细的短期人力资源规划成为人力资源规划的重要组成部分。

(4) 人力资源规划的编制，要求更加细致化、明确化，尤其是关键环节数据的量化分析及其对策方案的制订则要求更高。

2. 人力资源战略规划的主要步骤：

(1) 确认现阶段企业经营战略。明确企业战略决策对人力资源战略规划的要求，以及对人力资源战略规划所能提供的支持，同时对当前人力资源所处的外部宏观环境和企业内部环境进行分析。

(2) 对现有人力资源进行盘点。主要从以下四个方面进行：一是要摸清人力资源家底；二是要判断企业人力资源结构是否合理；三是要运用测评技术对重点人员进行评估；四是要对企业内部人力资源状况进行总体或分类统计。

(3) 人力资源需求预测。根据企业的发展规划和企业的内外条件，选择适当的预测技术，对人力资源需求的数量、质量和结构进行预测的过程。人力资源需求一般根据企业战略、业务增长趋势、各部门工作量、人员稳定性等因素采用经验预测、专家预测、德尔菲法、数量回归方法等进行预测。

(4) 人力资源供给预测。为了满足企业未来对人力资源的需求，根据企业的内部条件和外部环境，选择适当的预测技术，对企业未来从内部和外部可获得的人力资源的数量和质量进行预测的过程。

(5) 确定人才供求预测净需求。人力资源规划者应根据短缺岗位对人员技能的需求与富余岗位人员的技能进行比较，再从人力资源总量、人力资源素质、人力资源结构等方面入手进行规划。人力资源规划成果体现为人力资源总体政策规划、人员补充计划、退休解聘计划、接替晋升计划、素质提升计划。

(6) 执行监控与评估。企业应制订具体的行动计划及分类规划，并设立一套报告程序来对规划项目进行监控。要一次规划分期滚动实行，并根据实际情况进行动态评估调整。

3. 人力资源外包的风险：

(1) 来自外包服务商方面的风险。按照信息经济学的理论，在人力资源外包中，企业与外包服务商之间形成了“委托-代理”关系。由于信息的不对称，企业无法真实全面地了解外包商的经营业绩、社会声誉、发展状况、成本结构等与自己利益息息相关的信息，以致外包前未能筛选到合适的外包商，造成逆向选择的结果，外包后，外包商也可能发生未尽力执行受托工作或者采取不利于外包企业行为的道德危险。

(2) 来自企业经营安全方面的风险。外包时，企业与外包商在合作过程中进行有关企业知识与信息的共享是必然的，由于服务商的人员素质、职业道德以及管理水平的原因，可能存在多种泄密的机会和途径，企业的有价值的信息一旦泄露，后果十分可怕。

(3) 来自员工方面的风险。外包对于企业及员工确实是一种变革，原先的管理流程、职责分配、汇报关系及个人的职业发展定位都会有不同程度的改变，因此员工常常会产生各种顾虑、猜疑和不满。

(4) 文化差异的风险。企业文化的形成是一个长期的过程，但是一旦形成就很难改变，人力资源外包涉及企业与外包商双方的人力资源整合，他们之间一定程度上更是一种合作行为，合作过程中必然产生文化的交叉与碰撞。若外包商提供的服务内容不能很好地适应发包方企业的文化，则会造成服务质量与效率的下降，引起发包方企业员工的不满，弱化企业文化的凝聚功能。

五、案例分析

案例一

1. 该公司应按照下列阶段制定人力资源规划：

第一阶段是信息收集与处理，主要是分析企业发展战略、内外部环境、人力资源状况以及相关影响因素。该公司人力资源部在制定人力资源规划时应和各部门密切合作，认真分析各部门的今后发展方向，人才变动情况，使人力资源规划为企业战略的实现提供优秀的人才队伍。组织外部环境信息主要包括今后荷兰的整体经济走向，该行业在荷兰的发展趋势，是否得到政府的支持，荷兰人口结构和生活习惯的变化等。

第二阶段是总体规划与分析，即根据收集处理后的信息来制订人力资源战略规划的总体设计方案及目标。

第三阶段是制订并实施与业务战略直接相关的详细计划。

第四阶段是对人力资源战略规划实施的过程监控、评估及修正。

2. 人力资源战略规划主要步骤如下：

（1）确认现阶段企业经营战略。

（2）对现有人力资源进行盘点。

（3）人力资源需求预测。

（4）人力资源供给预测。

（5）确定人才供求预测净需求。

（6）执行监控与评估。

案例二

1. 实行外包策略的原因：

首先，随着公司业务与规模的不断扩大，公司人力资源管理面临的挑战与压力也越来越大。各业务部门总是抱怨人手不够，同时部分员工又抱怨工作饱和度不够，薪资偏低，年终奖金分配不合理，随意性太大；其次，管理层没有办法确切了解到人均产值，也很难考察到每个人是否尽力工作，各业务部门经常大规模招聘，但是看不到业绩的大幅上升。因此，为了集中精力于自己的核心业务，公司决定实行人力资源外包策略。

2. 可以采取以下措施：

（1）选择外包服务商。

（2）设计新的绩效考核体系。

（3）实施新的绩效考核体系。

3. 人力资源外包也具有多方面的风险。分析案例公司可以发现，存在如下风险：

（1）来自外包服务商方面的风险。

（2）来自企业经营安全方面的风险。

（3）来自员工方面的风险。

（4）文化差异的风险。

第3章 工作岗位分析

考核内容

工作分析的含义、作用、流程和基本方法；岗位设计、定编定员的原则与方法；工作说明书的主要内容；岗位评价的方法与流程。

一、工作分析概述

（一）工作分析定义与作用

1. 工作分析的定义

工作分析是指对工作岗位的活动、任务、职责类型，以及胜任工作岗位的工作人员的资格进行分析和确定的过程，其主要结果是形成工作说明书和工作岗位规范。

2. 工作分析的作用

（1）工作分析是整个人力资源开发与管理科学化的基础。

（2）工作分析是组织现代化管理的客观需要。

（3）工作分析有助于实行量化管理。

（4）工作分析是管理者决策的基础。

（5）工作分析是当前组织变革与组织创新的重要手段。

（二）工作分析流程

（1）明确目标。

（2）搜集背景信息。

（3）选择工作样本。

（4）搜集工作信息。

（5）审查工作信息。

（6）编写工作说明书和工作规范。

（三）工作分析的方法

（1）观察分析法。

（2）访谈分析法。

（3）问卷分析法。

（4）关键事件法。

（5）工作日志法。

（6）参与法或实验法。

二、岗位设计

（一）岗位设计概念

岗位设计又称工作设计，是指根据组织需要，并兼顾个人的需要，规定每个岗位的任务、责任、权利以及组织中与其他岗位关系的过程。

岗位设计原则：因事设岗原则、整分合原则、最少岗位数原则、规范化原则、客户导向原则。

（二）岗位设计的方法

（1）组织分析法。

（2）关键使命法。

（3）流程优化法。

（4）标杆对照法。

（三）定编定员的确定

定编定员，就是采取一定的程序和科学的方法，对确定的岗位进行各类人员的数量及素质配备。

定编定员的原则：以企业经营目标为中心，科学、合理地进行定编；企业各类人员的比例关系要协调；以专家为主，走专业化道路的原则。

定编定员的方法：劳动效率法；业务数据分析法；本行业比例法；按组织机构、职责范围和业务分工定编的方法；预算控制法。

三、工作说明书

（一）工作说明书的定义及编制

工作说明书，也称为岗位说明书，是工作分析的结果，工作说明书中最重要的信息是工作描述和工作规范。

工作说明书的制定：专家调查访谈、员工编写初稿、主管审核签字、专家培训、专家审核修订。

（二）岗位评价

狭义的岗位评价是指在工作分析的基础上，采取科学的方法，对企业内部各岗位的责任大小、工作强度、工作环境、工作难度、任职条件等因素进行评价，以确定各岗位在组织中的相对价值，最终确定岗位价值量高低的一系列方法和技术的总称。

岗位评价的“四W”：why——为什么评？what——评什么？who——谁来评？where——评价结果用在什么地方？

重点和难点

本章应掌握的主要知识点：（1）工作分析的含义、作用和流程；（2）岗位设计的原则、方法；（3）定编定员的原则、方法；（4）工作说明书的主要内容；（5）岗位评价方法、流程。

同步综合练习题

一、单项选择题

1. 工作分析的最终结果是(　　)。

A. 组织结构图　　B. 工艺流程图

C. 工作说明书和工作岗位规范　　D. 部门职能说明书

2. 工作分析是人力资源管理的（　　），其结果广泛应用于人力资源管理的招聘、培训、绩效管理和薪酬管理等过程。

A. 核心　　B. 基础

C. 重点　　D. 关键

3. 工作分析的主体是（　　），客体是整个组织体系。

A. 企业高管　　B. 企业员工

C. 企业人力资源部　　D. 工作分析者

4. 整个人力资源开发与管理科学化的基础是(　　)。

A. 人力资源规划　　B. 员工职业管理

C. 定编定员　　D. 工作分析

5. 工作分析通过岗位工作客观数据和主观数据分析，充分揭示了整个劳动过程的现象和本质的关系，有助于整个企业管理逐步走向(　　)。

A. 标准化　　B. 标准化和科学化

C. 科学化　　D. 信息化

6. 下列关于工作分析相关知识表述不正确的是(　　)。

A. 人力资源管理过程并非每个环节的工作都需要以工作分析为基础

B. 对于一个组织来说，每个岗位的工作被认为是一切管理行为的出发点和归宿

C. 工作分析正是帮助管理者全面把握组织内外各项工作信息的有效工具

D. 现代管理的突出特点是强调以人为中心

7. 通过对指定岗位和与其有关的所有信息搜集，可为下一步更好地审查信息做好准备。这属于工作分析流程的（　　）步骤。

A. 明确目标并搜集背景信息　　B. 选择工作样本

C. 搜集工作信息　　D. 审查工作信息

8. 观察法特别适用于(　　)。

A. 脑力劳动成分较高的工作　　B. 活动范围很大的工作

C. 常规性、重复性的工作　　D. 特殊环境中活动的工作

9. 通过访问任职者，了解他们所做的工作内容，为什么这样做与怎么样做，由此获得岗位工作的资料。这种工作分析方法被称为(　　)。

A. 观察分析法　　B. 问卷分析法

C. 工作日志法　　D. 访谈分析法

10. 问卷分析方法的操作程序不包括(　　)。

A. 问卷及调查方法设计　　B. 确定调查对象及问卷发放与收集

C. 组织问卷培训　　D. 问卷分析与结果调整

11. 在进行问卷设计时，为了便于资料的统计，问卷常以（　　）为主。

A. 开放式问题　　B. 封闭式问题

C. 固定式问题　　D. 定量的问题

12. 下列关于关键事件法描述不正确的是(　　)。

A. 适用于管理类或者内容复杂的岗位分析

B. 深入了解工作的动态性

C. 获得有关职务的静态信息、了解职务的动态特点

D. 记录的信息容易应用

13. 关键事件法的缺点是(　　)。

A. 易遗漏一些不显著的工作行为

B. 由任职者自行填写，信息失真的可能性较大

C. 适用的范围具有一定的局限性

D. 调查者和被调查者彼此配合难度大

14. 既考虑到最大限度地节约人力成本，又要尽可能地缩短岗位之间信息传递时间，减少“滤波”效应，提高组织的战斗力和市场竞争力。这句话讲的是岗位设计的(　　)。

A. 因事设岗原则　　B. 整分合原则

C. 最少岗位数原则　　D. 规范化原则

15. 影响岗位设计的主要驱动因素不包括(　　)。

A. 技术因素　　B. 成本压力因素

C. 竞争因素　　D. 社会环境因素

16. 流程优化法中提到的流程构成部分不包含(　　)。

A. 投入　　B. 控制

C. 过程　　D. 结果

17. 定编定员，就是采取一定的程序和科学的方法，对确定的岗位进行各类人员的数量及素质配备，是一种科学的(　　)。

A. 用人标准　　B. 企业制度

C. 法律规范　　D. 企业准则

18. 各个岗位的员工根据自己的工作内容粗略写出本岗位的岗位职责。这属于工作说明书制定中的(　　)。

A. 专家调查访谈　　B. 员工编写初稿

C. 主管审核签字　　D. 专家培训

19. 岗位评价要素不包括(　　)。

A. 管理岗位评价　　B. 专业技术评价

C. 外包岗位评价　　D. 工人岗位评价

20. 岗位评价实施的前期准备中不包括(　　)。

A. 开展岗位调查，规范岗位名称　　B. 进行岗位分析，形成岗位说明书

C. 确定评价岗位并组织人员培训　　D. 进行现场调查

二、多项选择题

1. 工作分析包括的基本内容有(　　)。
   A. 职位描述　　B. 任职者资格分析
   C. 工作规范　　D. 工作说明书
   E. 工作概述
2. 企业选择恰当时机进行工作分析，一般而言，在(　　)情况下可以发生。
   A. 新组织建立　　B. 组织处于变革期
   C. 新工作出现　　D. 组织处于转型期
   E. 新技术、新方法、新工艺使工作发生变化
3. 聘请专业咨询公司进行工作分析时，本企业的参与者主要有(　　)。
   A. 人力资源部门管理者（经理或专员）　　B. 工作承担者
   C. 其他相关人员（外聘咨询师等）　　D. 企业部分员工
   E. 工作承担者的上级主管
4. 工作分析在人力资源开发与管理过程中，具有十分重要的作用，主要表现在(　　)。
   A. 工作分析是整个人力资源开发与管理科学化的基础
   B. 工作分析是组织现代化管理的客观需要
   C. 工作分析有助于实行量化管理
   D. 工作分析是管理者决策的基础
   E. 工作分析是当前组织变革与组织创新的重要手段
5. 一套完整的工作分析流程主要步骤有(　　)。
   A. 明确目标并搜集背景信息　　B. 选择工作样本
   C. 搜集工作信息　　D. 审查工作信息
   E. 编写工作说明书和工作规范
6. 比较常用的工作分析方法有(　　)。
   A. 组织分析法与关键使命法　　B. 观察分析法和访谈分析法
   C. 问卷分析法和参与法　　D. 关键事件法和工作日志法
   E. 流程优化法和标杆对照法
7. 观察分析的流程包括(　　)。
   A. 制订观察方案和设计观察记录表
   B. 记录所有主要的工作内容与形式
   C. 选择适当的被观察者提前进行沟通
   D. 对内容进行归类和分析、偏差检验与修正
   E. 选择不同的工作者在不同的时间内进行观察
8. 观察法的缺点在于(　　)。
   A. 手段不多　　B. 效率不高
   C. 适用范围有限　　D. 难以得到组织者合作
   E. 费时、费成本

9. 工作日志法的优点在于(   )。

A. 详尽性　　B. 可靠性　　C. 真实性

D. 标准性　　E. 方便性

10. 岗位设计所要解决的主要问题是(   )。

A. 组织向其员工分配工作任务和职责的方式

B. 组织对于职业的描述和任职者资格的分析

C. 岗位设计是否得当对于激发员工的积极性的影响

D. 岗位设计是否得当对于增强员工的满意感的影响

E. 岗位设计是否得当对于提高工作绩效的影响

11. 岗位设计的原则有(   )。

A. 因事设岗原则　　B. 整分合原则

C. 最少岗位数原则　　D. 规范化原则

E. 客户导向原则

12. 岗位设计的方法包括(   )。

A. 观察分析法　　B. 组织分析法

C. 关键使命法　　D. 流程优化法

E. 标杆对照法

13. 下列关于组织分析法描述正确的有(   )。

A. 首先从整个组织的远景和使命出发，设计一个基本的组织模型

B. 然后根据具体的业务流程需要，设计不同的岗位

C. 注意力集中于关键岗位，可以用较少的投资得到较高的回报

D. 能深入解决许多细节问题，尤其适合于一个大型的传统组织

E. 现实中，岗位设计往往会过于复杂和具体，需要客户的大力支持

14. 定编定员要求本着（   ）的原则，规定各类人员必须配备的数量。

A. 精简机构　　B. 简单易行

C. 结合实际　　D. 节约用人

E. 提高工作效率

15. 按照企业员工所在岗位、工作性质和执行职能的不同，岗位通常被分为(   )。

A. 党政机关人员　　B. 工人与学徒工

C. 工程技术人员　　D. 管理人员

E. 服务人员

16. 定编定员的原则有(   )。

A. 以企业经营目标为中心，科学合理进行定编

B. 企业各类人员的比例关系要协调

C. 员工、企业权衡中合理地进行定编

D. 以专家为主，走专业化道路的原则

E. 按照国家政策实施相关定编措施

17. 定编定员的方法有(   )。

A. 劳动效率法　　B. 业务数据分析法

C. 本行业比例法
D. 按组织机构、职责范围和业务分工定编的方法
E. 预算控制法

18. 一份比较完备的工作说明书应该具备(　　)。
A. 工作标识　　B. 工作描述与工作联系
C. 职责和任务　　D. 企业规模
E. 工作条件和绩效标准

19. 一般来说，工作说明书的制定可以具体分成(　　)。
A. 专家调查访谈　　B. 员工编写初稿
C. 主管审核签字　　D. 专家培训
E. 专家审核修订

20. 广义的岗位评价最终要实现（　　）的综合目标任务。
A. 岗位配置合理、人岗匹配程度较高　B. 薪酬分配公平
C. 员工发展有序、岗位规范明晰　　D. 员工权责明确
E. 企业、员工利益高度均衡

21. 岗位评价的“四 W”指的是(　　)。
A. when——评价时机　　B. why——为什么评
C. what——评什么　　D. who——谁来评
E. where——评价结果用在什么地方

三、简答题

1. 简述工作分析在整个人力资源开发与管理中的作用。
2. 工作分析流程主要包括哪几个步骤?
3. 定编定员的方法有哪些?
4. 什么是岗位评价的“四 W”?

四、论述题

1. 岗位设计的原则是什么?
2. 定编定员的原则是什么?
3. 如何设计岗位评价要素和评价标准?

五、案例分析

案例一

华益食品公司是一家外贸独资企业，开创初期实施了卓有成效的经营战略，使产品一炮打响，并迅速占领了我国市场。随着市场的扩大，企业规模也急剧扩张，生产线由最初的 2 条扩展到 12 条，人员也增至上千人，但随之而来的是管理上暴露出种种问题，最为突出的是员工薪酬问题，各部门人员都觉得自己的付出比别人多，而得到的少。生产部门的人员强调自己的劳动强度大，劳动条件艰苦；经营部门的人员强调他们整天在外面跑，既

辛苦又承受着很大的压力；还有人员强调自己的工作责任大，风险高，等等，大家各执一词，怨声载道，公司究竟应该怎样做到改变目前这种被动分配的局面呢？公司总经理决定聘请企业外的专家协助解决，重新构建一套更加切实可行的薪酬方案，专家们经过一番调查研究，决定从工作岗位分析入手。

请回答下列问题：

1. 专家为什么提出从工作岗位分析入手？
2. 工作分析的作用主要表现在哪些方面？
3. 假设你是这批外聘专家中的一员，请为该公司提供常用的几种工作分析方法？

案例二

美国通用电器（GE）公司是多年被《财富》杂志评选出的全世界最受推崇的公司。前董事长兼首席执行官杰克·韦尔奇自1981年上任以后，在20多年里，使GE股票升值40多倍，企业价值提升25倍，他本人也被誉为“美国头号经理”、“世界头号企业家”。那么杰克·韦尔奇在“管人”上有什么奇招妙法呢？他又是怎样调动员工的工作积极性的呢？韦尔奇说得十分简洁：调动员工的积极性，就是让每个人对自己的作用、责任和奖励都一清二楚。

请回答下列问题：

1. 怎样才能使每个岗位的作用与责任一清二楚？
2. 试述岗位设计的原则及影响其设计的主要驱动因素有哪些？
3. 岗位设计的方法有哪些？

案例三

某公司为人力资源部经理草拟了一份工作说明书，其主要内容如下：

(1) 负责公司的劳资管理，并按绩效考评情况实施奖罚；

(2) 负责统计、评估公司人力资源需求情况，制订人员招聘计划并按计划招聘公司员工；

(3) 按实际情况完善公司《员工工作绩效考核制度》；

(4) 负责向总经理提交人员鉴定、评价的结果；

(5) 负责管理人事档案；

(6) 负责本部门员工工作绩效考核；

(7) 负责完成总经理交办的其他任务。

该公司总经理认为这份工作说明书格式过于简单，内容不完整，描述不准确。

请为该公司人力资源部经理重新编写一份工作说明书。

参考答案

一、单项选择题

1. C　2. B　3. D　4. D　5. B

6. A　7. C　8. C　9. D　10. C
11. B　12. A　13. A　14. C　15. D
16. B　17. A　18. B　19. C　20. D

二、多项选择题

1. AB　2. ABCDE　3. ABCE　4. ABCDE　5. ABCDE
6. BCD　7. ABDE　8. CD　9. AB　10. ACDE
11. ABCDE　12. BCDE　13. ABDE　14. ADE　15. BCDE
16. ABD　17. ABCDE　18. ABCE　19. ABCDE　20. ABCD
21. BCDE

三、简答题

1. 工作分析在整个人力资源开发与管理中的作用主要有：

(1) 工作分析是整个人力资源开发与管理科学化的基础。
(2) 工作分析是组织现代化管理的客观需要。
(3) 工作分析有助于实行量化管理。
(4) 工作分析是管理者决策的基础。
(5) 工作分析是当前组织变革与组织创新的重要手段。

2. 工作分析流程的主要步骤：

(1) 明确目标。
(2) 搜集背景信息。
(3) 选择工作样本。
(4) 搜集工作信息。
(5) 审查工作信息。
(6) 编写工作说明书和工作规范。

3. 定编定员的方法有：

(1) 劳动效率法。
(2) 业务数据分析法。
(3) 本行业比例法。
(4) 按组织结构、职责范围和业务分工定编的方法。
(5) 预算控制法。

4. 岗位评价的“四 W”主要是指：

(1) why——为什么评？
(2) what——评什么？
(3) who——谁来评？
(4) where——评价结果用在什么地方？

四、论述题

1. 岗位设计的原则：

(1) 因事设岗原则。从“理清该做的事”开始，“以事定岗、以岗定人”，设置岗位既要着眼于企业现实，又要着眼于企业发展。按照企业各部门职责范围划定岗位，而不应因人设岗；岗位和人应是设置和配置的关系，而不能颠倒。

(2) 整分合原则。在企业组织整体规划下应实现岗位的明确分工，又要在分工基础上有效地综合，使各岗位职责明确，又能上下左右同步协调，以发挥最大的企业效能。

(3) 最少岗位数原则。既考虑到最大限度地节约人力成本，又要尽可能地缩短岗位之间信息传递的时间，减少“滤波”效应，提高组织的战斗力和市场竞争力。

(4) 规范化原则。岗位名称及职责范围均应规范。对企业中脑力劳动的岗位规范不宜过细，应强调留有创新的余地。

(5) 客户导向原则。应该满足特定内部和外部顾客的需求。

2. 定编定员的原则：

(1) 以企业经营目标为中心，科学、合理地进行定编。企业定编工作，就是要合理地确定各类人员的数量以及它们之间的比例关系。其依据是计划期内的企业目标业务量和各类人员的工作效率。

(2) 企业各类人员的比例关系要协调。比例关系协调就是要正确处理企业直接与非直接经营人员的比例关系；正确处理直接与非直接经营人员内部各种岗位之间的比例关系；合理安排管理人员与全部员工的比例关系。管理人员占员工总数的比例与企业的业务类型、专业化程度、自动化程度、员工素质、企业文化等因素有关。

(3) 以专家为主，走专业化道路的原则。定编是一项专业化、技术性强的工作，它涉及业务技术和经营管理的方方面面。从事这项工作的人，应具备比较高的理论水平和丰富的业务经验。

3. 设计岗位评价要素和评价标准主要内容有：

(1) 管理岗位评价。管理岗位评价由知识技能、岗位责任、工作强度、工作环境四项要素组成，总分为 1000 分。对各项影响要素一般采取 3～7 级分级评价，并分别赋予一定分值。

(2) 专业技术评价。专业技术岗位评价由知识技能、岗位责任、工作强度、工作环境四项要素组成，总分为 1000 分。对各项影响要素一般采取 4～6 级分级评价，并分别赋予分值。

(3) 工人岗位评价。工人岗位评价由劳动条件、劳动技能、劳动强度、劳动责任和择业倾向五项要素组成，总分为 1000 分。对各项影响因素一般采取 3～5 级分级评价，并分别赋予分值。

五、案例分析

案例一

1. 工作分析，也称职位分析或岗位分析，是指对工作岗位的活动、任务、职责类型，以及胜任工作岗位的工作人员的资格进行分析和确定的过程，其主要结果是形成工作说明书和工作岗位规范。工作分析是人力资源管理的基础，其结果广泛应用于人力资源管理的招聘、培训、绩效管理和薪酬管理等过程。因此，专家提出工作岗位分析是有充分理由的。

2. 工作分析是整个人力资源开发与管理的基础，在人力资源开发与管理过程中，具有十分重要的作用和意义。主要表现在以下几个方面：

（1）工作分析是整个人力资源开发与管理科学化的基础。

（2）工作分析是组织现代化管理的客观需要。

（3）工作分析有助于实行量化管理。

（4）工作分析是管理者决策的基础。

（5）工作分析是当前组织变革与组织创新的重要手段。

3. 常用的工作分析方法有以下几种：

（1）观察分析法。

（2）访谈分析法。

（3）问卷分析法。

（4）关键事件法。

（5）工作日志法。

（6）参与法或者实验法。

案例二

1. 通过工作岗位分析可以让每个人的作用、责任和奖励都一清二楚。工作岗位分析是指对工作岗位的活动、任务、职责类型，以及胜任工作岗位的工作人员的资格进行分析和确定的过程，其主要结果是形成工作说明书和工作岗位规范。能使员工通过工作说明书、岗位规范等人事文件，充分了解本岗位在整个组织的地位和作用，明确自己工作的性质、需要完成的任务、在完成任务中承担的责任、自己享有权利的范围和职务晋升路线，以及帮助员工结合自身的条件制定职业生涯规划，使其愉快地投身于本职工作中。

2. 岗位设计的原则有：

（1）因事设岗原则。

（2）整分合原则。

（3）最少岗位数原则。

（4）规范化原则。

（5）客户导向原则。

影响岗位设计的主要驱动因素有技术因素、竞争因素、成本压力因素。

3. 岗位设计的方法包括以下四种。

（1）组织分析法：这是一个应用广泛的岗位设计方法，首先从整个组织的远景和使命出发，设计一个基本的组织模型，然后根据具体的业务流程需要，设计不同的岗位。通常适用于大型企业的大范围重组项目，在这个项目中，组织设计和岗位设计占整个项目的大部分工作。

（2）关键使命法：岗位设计仅仅集中于对组织的成功起关键作用的岗位，通常适用于时间和预算受限制、对整个组织的岗位设计不可行的情况下。

（3）流程优化法：根据新的信息系统或新的流程对岗位进行优化。这种方法可以确定新的岗位。适用于较小的项目范围，主要在实施一个新的管理信息系统时应用。

（4）标杆对照法：参照本行业典型企业现时的岗位设置进行设计。适用于不太精确的项目范围。这种方法比较直观、简单，但由于各企业的战略、自身条件等总会有差异，所以也不能简单地照抄照搬，而应该在实践中根据自身情况不断进行调整。

案例三

该公司人力资源部经理重新编写的工作说明书具体如下：

人力资源部经理工作说明书

一、基本资料

岗位名称：人力资源部经理　　岗位等级：×××
岗位编码：××××××　　所属部门：人力资源部
直接上级：总经理　　直接下级：×××
定员标准：1人　　分析日期：200×年×月

二、岗位职责

（一）概述

根据公司的发展规划，拟定公司的人力资源规划和制定公司招聘制度、培训制度、绩效考核制度、薪酬福利制度、人事档案管理制度等。组织实施公司人力资源管理制度。

（二）工作职责

（1）负责人力资源发展规划的制定和完善。

（2）负责人力资源管理系统的建立和完善。

（3）负责人员的招聘和人才的储备。

（4）负责人员的培训和开发工作。

（5）负责各种绩效管理制度的制定。

（6）负责处理员工劳动关系。

（7）完成公司交办的其他任务。

三、监督与岗位关系

（一）所受监督与所施监督

（1）所受监督：人力资源部经理直接受总经理的监督指导。

（2）所施监督：对下属人力资源管理部门人员进行直接监督指导。

（二）与其他岗位关系

（1）内部联系：本岗位要与其他各部门在工作岗位分析、员工绩效考核等项目上进行沟通交流，向总经理提供人事意见。

（2）外部联系：对外宣传本公司的招聘信息，负责招聘工作，联系外部培训机构，设计培训项目。

四、工作内容和要求

工作内容	工作要求
负责人力资源发展规划的制定和完善	根据组织的发展战略、目标及组织内外环境的变化，运用科学的方法对组织人力资源的需求和供给进行预测，制定相宜的政策和措施
负责人力资源管理系统的建立与完善	对人力资源管理系统各个方面进行分析、规划、实施、调整，提高企业人力资源管理水平，使人力资源更有效服务于组织或团体目标
负责人员的招聘与人才的储备	为企业选拔合适的人才，并组织培训工作
负责各种绩效管理制度的规定	制定有效的绩效管理制度，以提高员工综合技能与素质，优化人员结构，改进工作方式与方法，进一步提升业绩并且保持公司与个人的良好持续发展
负责处理员工劳动关系	根据国家的法律规定，正确处理好员工的劳动关系

五、工作权限

（1）有权对下属员工的奖惩提出建议。

（2）有权对上级部门提出合理化建议和意见。

（3）根据公司的规定有权对员工的假期审批提出建议。

（4）有权就本部门的发展，向上级领导申报资金。

六、劳动条件和环境

本岗位属于手工工作，室内坐姿结合室外走动进行，属于较轻体力劳动，工作环境温度、湿度适中，无噪声和粉尘污染，照明条件良好。

七、工作时间

上班时间为上午9：00～12：00，下午1：00～5：30，有时需要加班。

八、任职资格

（1）学历：大学本科及以上学历，人力资源管理专业。

（2）工作经验：从事人力资源管理相关工作五年以上，具有丰富的人力资源管理经验。

九、身体条件

身体健康，无传染病和其他重大疾病。

十、心理素质要求

为人正直，具有良好的沟通能力，能承受一定的工作压力。

十一、专业知识和技能要求

十二、绩效考评

第4章 员工招聘

考核内容

员工招聘的理念与流程；招聘标准、招聘渠道、招聘方法的确定；人与岗位、团队、组织相匹配的素质标准。

一、员工招聘概述

（一）员工招聘的含义

员工招聘是指根据组织人力资源规划和工作分析的要求，把具有一定技巧、能力和相关特质的申请人，通过科学的甄选，最终录用以满足组织的人力资源需求的过程。

现代企业招聘理念：重视学习能力和团队精神；对应聘者坦诚相见；应聘者是否与本企业文化相融合；招聘过程要树立企业的品质形象；招聘需要人力资源部门与直线职能部门做好配合。

（二）员工招聘流程及管理

（1）招聘决策管理。

（2）招聘前的准备。

（3）招聘的具体实施。

（4）应聘者的甄选。

（5）新员工的管理。

二、招聘标准

（一）招聘标准的确定

设置招聘标准，可以将资格要求分为两大类：必备条件和择优条件。

胜任特征是指明确区分优秀绩效执行者和一般绩效执行者，或者说能够明确高效的绩效执行者和低效率的绩效执行者可准确测量的个体特征，这些特征可以是动机、特质、自我概念、态度或价值观、具体知识、认知和行为技能。

（二）人与岗位、团队、组织相匹配的素质标准

企业可通过从人的专业能力、核心素质、工作—生活—家庭平衡三个方面抽取考察指标，评估人—岗、人—团队、人—组织的匹配度，进而判断并预测招聘的效果。

三、招聘渠道选择

常见的招聘渠道：现场招聘、网络招聘、校园招聘、传统媒体广告、人才介绍机构、员工推荐、内部招聘。

四、测评方法选择

（一）面试

面试是一种经过精心设计，在特定的场景下，以面对面地交谈、观察为主要手段，由表及里测评应试者有关素质的一种方式。

（二）心理测验

心理测验就是借助心理量表，对心理特征和行为的典型部分进行测验和描述的一种系统的心理测量程序。

（三）评价中心

评价中心就是一种测定一群人中每个个体在多种情景事件中表现出的行为特征的操作程序。

重点和难点

本章应掌握的主要知识点：(1) 员工招聘理念；(2) 员工招聘流程；(3) 招聘渠道的选择；(4) 招聘方法的确定。

同步综合练习题

一、单项选择题

1. 员工招聘工作处于人力资源管理价值链的(　　)。
   A. 前端　　B. 中端
   C. 终端　　D. 过渡阶段
2. 招聘人员需要给应聘者以真实、准确、完整的职位信息，这样才可能产生雇员与企业匹配的良好结果。这句话体现了（　　）的企业招聘理念。
   A. 重视学习能力和团队精神　　B. 对应聘者坦诚相见
   C. 应聘者是否与本企业文化相融合　　D. 招聘过程要树立企业的品质形象
3. 现在企业招聘发展的新动向就是面谈时间(　　)。
   A. 越来越随意　　B. 越来越短
   C. 与企业规模相关　　D. 越来越长
4. 招聘类型决策中，根据职务的不同可采用哪些方式来弥补职务空缺？除了(　　)。
   A. 临时　　B. 职务轮换
   C. 租用　　D. 承包
5. 下面不属于内部招聘方法的是(　　)。
   A. 员工推荐　　B. 校园招聘
   C. 工作告示　　D. 人才库和继任计划
6. 经理等管理层职员可以通过（　　）的招聘方式，既增加公司职位的透明度，又可以了解内部员工具有主动向上发展的意向，便于建立人才后备队伍。
   A. 内部招聘　　B. 外部招聘
   C. 内外双招　　D. 继任计划
7. 相关专人负责设计的下列各种表格中，企业招聘前的准备阶段不含有(　　)。
   A. 工作规范表　　B. 求职登记表
   C. 各种评分表　　D. 考核表
8. 招聘员工的工作是一项市场宣传和推介活动。招聘广告应该生动且具有(　　)。
   A. 现实性　　B. 创造性
   C. 价值性　　D. 可观性
9. 招聘的具体实施细节不包括(　　)。
   A. 招聘人员形象　　B. 设计和发布招聘广告
   C. 电话　　D. 面试
10. 设置招聘标准，可以将资格要求分为(　　)。
    A. 现实条件和潜在条件　　B. 自身先天条件和后天学习条件
    C. 短期条件和长期条件　　D. 必备条件和择优条件
11. 通过（　　）可以判断并发现导致员工绩效好坏差异的关键要素，从而成为改进与提高绩效的基点。
    A. 员工胜任特征　　B. 绩效考核

C. 员工胜任特征模型　　D. 关键事件法

12. 个人在某一特定领域拥有的事实型与经验型信息指的是胜任特征的（　　）要素。

A. 技能　　B. 自我概念

C. 知识　　D. 特质

13. 企业招聘工作中常常存在“三个两”的现象，不包括(　　)。

A. 员工到岗后的两周离职　　B. 员工到岗后的两个月离职

C. 员工到岗后两季度离职　　D. 员工到岗后的两年离职

14. 下列关于人才市场和招聘会描述不正确的是(　　)。

A. 两种方式都属于现场招聘

B. 招聘会一般由非政府发起和组织，较为随意

C. 招聘会一般为短期集中式

D. 人才市场是长期分散式，地点相对固定

15. 网络招聘的优点不包括(　　)。

A. 对简历筛选的要求比较低　　B. 无地域限制

C. 受众人数多，覆盖面广　　D. 时效较长

16. 一般来说，(　　)岗位更适合从内部招聘。

A. 技术类　　B. 行政类

C. 生产类　　D. 营销类

17. 员工招聘的测评方法不包含(　　)。

A. 面试　　B. 心理测试

C. 评价中心　　D. 问卷分析测试

18. 企业招聘员工常用的方法是(　　)。

A. 笔试　　B. 面试

C. 背景调查　　D. 情景模拟

19. 下列不属于面试标准化程度类别的是(　　)。

A. 结构化面试　　B. 非结构化面试

C. 随意性面试　　D. 半结构面试

20. 心理测试的优点是(　　)。

A. 开发周期长　　B. 变通性比较差

C. 成本较低　　D. 结果不准确性

21. 评价中心的缺点是(　　)。

A. 动态性与综合性　　B. 形象逼真性、信息量大

C. 标准化、行为性

D. 评价中心操作难度大、技术要求高，一般人很难掌握

22. 让一组被试者在一定的背景下围绕给定问题进行讨论，并要求其达成一个小组决定。这种测评形式指的是（　　）。

A. 无领导小组讨论　　B. 公文处理

C. 案例分析　　D. 角色扮演

二、多项选择题

1. 下列关于员工招聘相关知识描述正确的是(　　)。
   A. 员工招聘是整个人力资源开发与管理科学化的基础
   B. 其通过科学的方法甄选具有一定技巧、能力和相关特质的人
   C. 员工招聘工作处于人力资源管理价值链的前端
   D. 高学历、高技能是选聘人才的黄金法则
   E. 员工招聘是根据组织人力资源规划和工作分析的要求进行的
2. 现代企业的招聘理念有(　　)。
   A. 重视学习能力和团队精神　　B. 对应聘者坦诚相见
   C. 应聘者是否与本企业文化相融合　D. 招聘过程要树立企业的品质形象
   E. 招聘需要人力资源部门与直线职能部门配合
3. 员工招聘流程有(　　)。
   A. 招聘决策的管理　　B. 招聘前的准备
   C. 招聘的具体实施　　D. 应聘者的甄选
   E. 新员工的管理
4. 对招聘决策的管理主要包括(　　)。
   A. 招聘需求、类型决策　　B. 招聘人数、渠道决策
   C. 招聘岗位、流程决策　　D. 招聘时间、地点决策
   E. 招聘经费预算、具体实施方案决策
5. 下列属于外部招聘方法的是(　　)。
   A. 工作轮换　　B. 校园招聘
   C. 广告招聘　　D. 猎头招聘
   E. 员工推荐
6. 招聘地点决策中，一般要考虑的因素有(　　)。
   A. 潜在应聘者寻找工作的行为　　B. 组织的位置
   C. 人才市场状况　　D. 企业所在地区相关政策
   E. 招聘岗位情况
7. 企业招聘前的准备工作有(　　)。
   A. 配备人力　　B. 招聘时间、地点决策
   C. 设计各种表格　　D. 设计和发布招聘广告
   E. 宣传资料
8. 招聘实施阶段，招聘人员的形象要求(　　)。
   A. 循规蹈矩　　B. 态度真诚
   C. 仪表得体　　D. 慢条斯理
   E. 谈吐清晰
9. 面试主考官在面试过程中起着举足轻重的作用，能有利于带来好的招聘效果的环节主要包括(　　)。
   A. 主动出来邀请应聘者并确保双方座位舒适、角度合适

B. 关怀、问候应聘者
C. 办公桌上只摆这一个人的简历
D. 及时记录应聘者行为
E. 不要显得太忙并注意面试结束礼节

10. 关于应聘者的甄选，表述正确的是(　　)。
A. 招聘评估时应尽量避免晕轮效应、相比错误、首因和近因效应、盲点等误区
B. 应关注求职者与应聘职位的适合度问题
C. 要考虑组织中不同职务对于员工素质的不同要求
D. 只考虑组织的当前需要，长远需要暂时不考虑
E. 刻意追求十全十美的人

11. 针对新员工的管理工作，主要包括通过培训让新员工(　　)。
A. 很短时间全身心投入企业工作　B. 了解组织文化、政策及规章制度
C. 形成融洽的企业文化、员工关系　D. 熟悉、掌握工作流程、技能
E. 熟悉工作环境、岗位环境、人事环境，熟悉工作内容、性质、责任

12. 以下考察应聘者素质中，属于工作能力类的有(　　)。
A. 承受压力的能力　B. 创新能力和创造能力
C. 专业技能　D. 分析能力和判断能力
E. 应变能力

13. 胜任特征的构成要素包括(　　)。
A. 知识和技能　B. 社会关系
C. 社会角色与自我概念　D. 动机和特质
E. 身高与年龄

14. 面对企业招聘中常常存在的“三个两”现象，企业需要考察（　　）问题。
A. 人与岗匹配　B. 人与团队匹配
C. 人与组织匹配　D. 团队与岗位匹配
E. 团队与组织匹配

15. 为把工作、生活、家庭三方面的平衡落到实处，需要把握（　　）这些关键点。
A. 社会关系的取舍　B. 地理位置的取舍
C. 婚姻或恋情的取舍　D. 家庭亲情的取舍
E. 已有职权的取舍

16. 常用的招聘渠道有(　　)。
A. 现场、网络招聘　B. 校园招聘
C. 传统媒体广告　D. 人才介绍所
E. 员工推荐和内部招聘

17. 企业要招聘高层管理人员，适宜选用的招聘渠道有(　　)。
A. 发布广告　B. 猎头公司
C. 学校招聘　D. 职业介绍所
E. 员工推荐

18. 与外部招聘相比，内部招聘的优点有(　　)。

A. 降低徇私的可能性　　B. 组织对候选人的能力有清晰的认识

C. 有利于招聘到高质量的人才　　D. 能够提高员工的满意度，留住人才

E. 招聘成本小

19. 对于结构化面试，表述正确的有(　　)。

A. 对主试者的素质要求较高，一般都聘请专门人员参与主考

B. 考官就预先确定的标准化问题，按一定的顺序向应试者提问

C. 在面试结束后，评价者使用相同的评价标准对被试者的表现进行数量化的分析

D. 结构化面试主要是指面试程序、题目、评定三个方面的结构化

E. 没有一个事先的框架，问题的提出等都比较随意

20. 心理测验的种类一般包括(　　)。

A. 职业能力测验　　B. 职业适应性测验

C. 职业生涯测验　　D. 人格测验

E. 情绪测验

21. 心理测验中，情绪测验常用的量表有(　　)。

A. 比纳智力量表　　B. 抑郁量表

C. 焦虑量表　　D. 生活事件相关量表

E. 症状自评量表

22. 评价中心的种类主要有(　　)。

A. 公文处理　　B. 角色扮演

C. 无领导小组讨论　　D. 案例分析

E. 个人演讲

三、简答题

1. 招聘决策包括哪几个方面的内容?
2. 招聘前应该做哪些准备工作?
3. 胜任特征包括哪几个方面的要素?
4. 常见的招聘渠道有哪些?
5. 简述心理测试的种类。

四、论述题

1. 我们应该学习哪些现代企业的招聘理念?
2. 面试有哪些特点?
3. 试述评价中心的种类?

五、案例分析题

案例一

某地一家知名电子科技研发公司，每年都要从高等院校的MBA毕业生中选拔一批后备的管理人才，经过认真的研究，公司人力资源部决定通过资格审查和笔试等方法，按照一

定的比例进行人员筛选，然后采用无领导小组的方式，进行第三轮的人员精选，以最终挑选出符合岗位要求的候选人。公司人力资源部主任让招聘专员小李提出一个具体的实施方案，并做好各项前期准备工作。

假若你是小李，请结合本案例回答以下问题：

1. 结合公司具体情况，分析员工招聘的流程有哪些？

2. 招聘前期需要做哪些准备工作？

3. 除上述提到的无领导小组讨论，还有哪些评价中心的种类可以向人力资源部主任建议？

案例二

PS计算机网络技术有限公司是一家专门从事软件开发、电子商务、系统集成、计算机产品代理销售的IT高新企业。最近，PS公司准备采用面试方法应聘客户经理，主要从事网络产品的推广，工作中需要与客户进行沟通。该公司准备采用面试方法对应聘者进行甄选。面试分两轮进行，第一轮初试，由一位HR招聘专员对求职者进行面试，每人面试时间为10～15分钟，测评指标如下：仪表良好、言谈举止得体、具有亲和力、普通话标准、性格开朗、对岗位了解、逻辑条理清晰。第二轮复试，采用结构化面试方法，考官根据求职者的应答表现，对其相关胜任素质做出相应的评价，同时结合面试者情况，进行职业适应性测试。

请结合案例回答下列问题：

1. 什么是结构化面试？

2. 胜任特征的构成要素有哪几个方面？

3. 职业适应性测试属于心理测试的一种，请概述心理测试的优点及种类。

案例三

H集团是一家以房地产为主产业链，跨地区、跨行业、跨国经营的产业集团。公司创建于1993年5月，历经十几年的拼搏，现已形成集房地产开发、建筑施工、教育后勤、物业管理等于一体的连锁化、整体化、系统化全新规模产业，位居全国大型企业集团千强之列。集团现有资产50亿元，员工2万余人，在北京、上海、武汉及浙江等全国8个省、市已打造出一批堪称房产典范、建筑精品的标志性建筑。该集团公司非常重视人才的选拔与培养，今年年初，由于业务扩展的吸引，集团领导决定招聘大批基层员工和高层管理层人员。

请结合案例，回答下列问题：

1. 常用的招聘渠道有哪些？

2. 公司人力资源主管决定，对已报名应聘高层管理者的应聘者，采用面试和公文处理的测评方法。请回答：面试的特点并简述什么是公文处理。

参考答案

一、单项选择题

1. A　2. B　3. D　4. B　5. B
6. C　7. A　8. B　9. B　10. D
11. C　12. C　13. C　14. B　15. A
16. A　17. D　18. B　19. C　20. C
21. D　22. A

二、多项选择题

1. BCE　2. ABCDE　3. ABCDE　4. ABDE　5. BCD
6. ABC　7. ACDE　8. BCE　9. ABCDE　10. ABC
11. BDE　12. BCDE　13. ACD　14. ABC　15. BCD
16. ABCDE　17. ABD　18. BDE　19. BCD　20. ABDE
21. BCDE　22. ABCDE

三、简答题

1. 招聘决策的主要内容有：
(1) 招聘需求决策。
(2) 招聘类型决策。
(3) 招聘人数决策。
(4) 招聘渠道决策。
(5) 招聘时间决策。
(6) 招聘地点决策。
(7) 招聘经费预算决策。
(8) 招聘的具体实施方案决策。
2. 招聘前应该做的准备工作：
(1) 配备人力。
(2) 设计各种表格。
(3) 设计和发布招聘广告。
(4) 宣传资料。
3. 胜任特征的基本要素：
(1) 知识。
(2) 技能。
(3) 社会角色。
(4) 自我概念。

（5）动机。

（6）特质。

4. 常见的招聘渠道有：

（1）现场招聘。

（2）网络招聘。

（3）校园招聘。

（4）传统媒体广告。

（5）人才介绍机构。

（6）员工推荐。

（7）内部招聘。

5. 心理测试的种类：

（1）职业能力测验。

（2）职业适应性测验。

（3）人格测验。

（4）情绪测验。

四、论述题

1. 现代企业招聘的理念主要有：

（1）重视学习能力和团队精神。应聘者的学习能力比他们已经获得的技能显得更为重要，所以，招聘时应注重应聘者的学习能力和团队合作精神。

（2）对应聘者坦诚相见。招聘人员需要给应聘者以真实、准确、完整的有关职位的信息，这样才可能产生雇员与企业匹配的良好结果，从而带来较低的雇员流失率。

（3）应聘者是否与本企业文化相融合。对于那些与企业文化不能融合的人，即使是很有能力和技能的人，也会对企业的发展不利。在进行筛选工作的时候，就开始让应聘者充分了解企业的文化，这样就等于把到职培训提前到招聘筛选过程，所以，现在招聘发展的新动向就是面谈时间越长越好。

（4）招聘过程要树立企业的品质形象。企业需要像对待自己产品的声誉一样对待自己在人才市场上的声誉，注意自己是否已经建立起能够很好对待员工的好名声。

（5）招聘需要人力资源部门与直线职能部门配合。在招聘时，需要对空缺岗位有明确的描述，便于应聘者衡量自己是否合适，岗位描述写得越模糊，公司招聘人员给自己找麻烦也就越大。

2. 面试的特点：

（1）以谈话和观察为主要手段。在面试中测评者必须善于运用自己的感受器官，特别是视、听来获取来自于被测者的各种信息，并迅速加以分析。

（2）面试是一个双向沟通的过程，这一过程是双方的互动过程，被测评者并不是完全处于被动的状态。

（3）面试不同于其他形式的交谈，主要表现在：①这种谈话具有明确的目的性。②这种谈话是预先进行了精心设计的，有着严密的计划和程序。

3. 评价中心的主要种类：

（1）公文处理。公文处理是评价中心用得最多的一种测评形式。在测评中，被测者假定为接替某个管理人员的工作，他将面对一大堆亟待处理的各种文件，要求他在规定时间内处理完毕，并且回答评价人员的提问以及说明为什么要这么处理。

（2）角色扮演。角色扮演主要用于测评人际关系处理能力。在测评活动中，主试设置了一些尖锐的人际矛盾与人际冲突，要求被测者扮演某一角色并进入角色情景去处理各种问题和矛盾。

（3）无领导小组讨论。无领导小组讨论就是让一组被试者在一定的背景下围绕给定问题进行讨论，并要求其达成一个小组决定。

（4）案例分析。案例分析是先让被测者阅读一些关于企业中的某些问题的材料，然后要求其向高层管理部门提交一个分析报告，以考察其综合分析能力和作出判断决策能力的一种测评形式。

（5）个人演讲。个人演讲可分为即兴演讲和有准备的演讲，通过让演讲者就一定的题目发表演讲来评价其沟通技能、思维敏捷性、系统性、条理性、创造性、说服能力以及自信心等。

五、案例分析题

案例一

1. 员工招聘的主要流程有：

（1）招聘决策管理；

（2）招聘前的准备；

（3）招聘的具体实施；

（4）应聘者的甄选；

（5）新员工的管理。

2. 在招聘决策完成后，就要为招聘的实施做具体的准备工作了。规模较大的公开招聘工作是一项比较烦琐的系统性工作，应该在工作开始之前将各个环节考虑周到，充分准备，做到应对自如，有条不紊。具体包括：①配备人力；②设计各种表格；③设计和发布招聘广告；④宣传资料。

3. 除无领导小组讨论之外，还有四种：

（1）公文处理；

（2）角色扮演；

（3）案例分析；

（4）个人演讲。

案例二

1. 结构化面试。结构化面试是指根据对职位的分析，确定面试的测评要素，在每一个测评的维度上预先编制好面试题目并制定相应的评分标准。在面试时，考官就预先确定的标准化问题，按一定的顺序向应试者提问。在面试结束后，评价者使用相同的评价标准对被试者的表现进行数量化的分析。

结构化面试主要包括三个方面的含义，一是面试程序的结构化，即面试的初始阶段、核心阶段和结尾阶段，测评者都准备做些什么，注意什么，达到什么目的，事先都需要经过精心策划；二是面试题目的结构化，即在面试中要考察被试人哪些方面的特点、能力及何时问何种问题，如何问都是事先计划好的；三是面试评定的结构化，即从哪些角度来评判被测评人的表现，如何划分评分等级，如何打分等在面试前都要有明确的规定，并在测评者之间有统一的尺度。

2. 胜任特征的构成要素包括：

(1) 知识；

(2) 技能；

(3) 社会角色；

(4) 自我概念；

(5) 动机；

(6) 特质。

3. 心理测验的优点：

(1) 使用方法简单，操作方便，测验效率高；

(2) 测验内容集中，测验标准和成绩客观性强；

(3) 可以通过计算机来测验，结果反馈快；

(4) 成本低。

心理测验因岗位要求不同而异，但一般包括以下几个方面：

(1) 职业能力测验；

(2) 职业适应性测验；

(3) 人格测验；

(4) 情绪测验。

案例三

1. 常用的招聘渠道有：

(1) 现场招聘；

(2) 网络招聘；

(3) 校园招聘；

(4) 传统媒体广告；

(5) 人才介绍机构；

(6) 员工推荐；

(7) 内部招聘。

2. 面试的特点：

(1) 以谈话和观察为主要手段。在面试中测评者必须善于运用自己的感觉器官，特别是视、听来获取来自于被测者的各种信息，并迅速加以分析。

(2) 面试是一个双向沟通的过程，这一过程是双方的互动过程，被测评者并不是完全处于被动状态。

（3）面试不同于其他形式的交谈，主要表现在：①这种谈话具有明确的目的性；②这种谈话是预先进行了精心设计的，有着严密的计划和程序。

公文处理是评价中心用得最多的一种测评形式。在测评中，被测者假定为接替某个管理人员的工作，他将面对一大堆亟待处理的各种文件，要求他在规定时间内处理完毕，并且回答评价人员的提问，以及说明为什么要这样处理的一种测评形式。

第5章 员工培训概述

考核内容

员工培训的定义与作用；员工培训方案的设计；员工培训需求分析的基本方法；各种员工培训方法的特点；员工培训效果的评估方法。

一、员工培训概述

（一）员工培训

员工培训是指组织为实现企业战略目标及培育人才的需要，采用各种方式对员工进行有目的、有计划的培养和训练的管理活动，其目标是使员工不断的更新知识，开拓技能，改进员工的动机、态度和行为，使员工适应新的要求，更好地胜任现职工作或担负更高级别的职务，从而促进组织效率的提高和组织目标的实现。

（二）员工培训方案的设计流程

主要包括培训需求分析、制订培训计划、培训效果评估。

（三）心理培训

主要内容有心理培训概念、企业何时需要开展心理培训、心理培训的具体方法。

二、员工培训需求分析

（一）基于组织、任务、人员的三层次培训需求分析

分别为组织分析、任务分析、人员分析。

（二）基于胜任特征的培训需求分析

（1）组织分析，确定企业的核心胜任力。
（2）任务分析，建立岗位胜任模型。
（3）人员分析，确定培训需求。

三、员工培训方法

（一）直接传授培训方式

主要包括课堂教学法、工作指导法、影视法。

（二）参与式培训方法

主要包括角色扮演法、案例研究法、头脑风暴法、游戏法。

（三）其他培训方法

主要包括网上培训、员工自我指导、体验式培训。

四、员工培训效果评估

（一）培训评估概述

培训评估的整个过程主要有评估决定的作出、评估规划、评估操作、数据的分析与整

理，以及评估报告的编写等。

（二）系统的培训效果评估模式

（1）设计培训效果评估指标。

（2）规范培训评估工作流程。

重点和难点

本章应掌握的主要知识点：（1）员工培训的定义与作用；（2）员工培训方案的设计流程；（3）员工培训需求分析的基本方法；（4）员工培训方法的特点；（5）员工培训效果评估方法。

同步综合练习题

一、单项选择题

1. 以下描述中不属于员工培训目标的是(　　)。
   A. 使员工不断更新知识，开拓技能
   B. 满足组织的人力资源需求
   C. 改进员工的动机、态度和行为
   D. 使员工适应新要求，更好地胜任各种级别的职务
2. 培训能增强员工对企业的归属感和主人翁责任感。就企业而言，对员工培训的越充分，越能发挥人力资源的（　　），从而为企业创造更多的效益。
   A. 高增值性　　B. 创新性
   C. 可开发性　　D. 战略性
3. 既属于企业发展不可忽视的“人本投资”，又是提高企业“造血功能”的根本途径，这种职能是(　　)。
   A. 规划　　B. 招聘
   C. 培训　　D. 考评
4. 下列选项中不是按培训目的来划分的员工培训形式为(　　)。
   A. 过渡性教育培训　　B. 知识更新培训
   C. 专业人才培训　　D. 在职培训
5. （　　）是指企业为了企业发展和员工个人发展需要，让在职员工离开现任的工作岗位去接受培训。
   A. 岗前培训　　B. 在职培训
   C. 脱产培训　　D. 专业人才培训
6. 下列选项中不是按培训对象在公司中的地位来划分的员工培训形式为(　　)。
   A. 公司经理培训　　B. 转岗培训
   C. 专业技术人员培训　　D. 基层经理培训
7. 员工培训方案设计的具体流程不包括(　　)。
   A. 培训需求分析　　B. 制订培训计划
   C. 建立适当模型　　D. 培训效果评估
8. 制订培训计划的目的是(　　)。
   A. 保证培训工作合理开展　　B. 提高培训效率
   C. 规范培训工作　　D. 确定需要培训的人员
9. 下列不是培训计划内容的是(　　)。
   A. 选定培训对象　　B. 设计培训课程
   C. 脱产培训　　D. 培训工作组织
10. 既属于企业培训工作的主体，又是企业培训的具体实施者和落实者的是(　　)。
   A. 企业高管　　B. 培训讲师
   C. 人力资源主管　　D. 受培训员工

11. 如果培训内容含量大、要求高、时间长，那么选择（　　）比较合适。
   A. 岗前培训　　B. 在职培训
   C. 脱产培训　　D. 专业人才培训
12. 将心理学的理论、理念、方法和技术应用到企业管理和训练活动之中，以更好地解决员工的一系列心理问题，使其心态得到调适、心态模式得到改善、意志品质得到提升、潜能得到开发等，这是指(　　)。
   A. 知识培训　　B. 技能培训
   C. 观念培训　　D. 心理培训
13. 通过会议形式，让所有参加者在自由愉快的气氛中自由交换想法，并以此激励与会者的创意及灵感的方法，指的是心理培训具体方法中的(　　)。
   A. 心理暗示法　　B. 游戏训练法
   C. 头脑风暴法　　D. 角色模拟法
14. 下列选项中哪个不属于对员工需求分析的层次分析(　　)。
   A. 组织分析　　B. 任务分析
   C. 人员分析　　D. 心理暗示法
15. 建立岗位胜任模型中，收集数据的主要方法不包括(　　)。
   A. 关键事件法　　B. 行为事件访谈
   C. 系统性多层次团体观察　　D. 德尔菲技术
16. 验证胜任特征模型的方法不包括(　　)。
   A. 考察“交叉效度”　　B. 考察“构念效度”
   C. 考察“系统效度”　　D. 考察“预测效度”
17. 通过调动培训对象的积极性，让其在培训者与培训对象的双方互动中学习的方法是(　　)。
   A. 课堂教学法　　B. 工作指导法
   C. 影视法　　D. 参与式培训法
18. 参与式培训方法不含有(　　)。
   A. 角色扮演法　　B. 课堂教学法
   C. 游戏法　　D. 案例分析法
19. 游戏法的优点是(　　)。
   A. 激发学员的积极性　　B. 大大节约培训费用
   C. 无须重复准备教材　　D. 提高沟通技巧
20. 网上培训的优点是(　　)。
   A. 体现团队精神　　B. 大大节约培训费用
   C. 监督性很强　　D. 提高沟通技巧
21. 对培训活动进行评估的好处不包括(　　)。
   A. 可以对培训效果进行正确合理的判断，以便了解某一项目是否达到原定的目标和要求
   B. 看看受训人知识技术能力的提高或行为表现的改变是否直接来自培训的本身
   C. 通过评估可以找出培训的不足，归纳出教训，以便改进今后的培训

D. 通过评估基本不能检查出培训的费用效益

22. 下列选项中哪项不是培训评估整个过程的内容(　　)。

A. 评估规划　　B. 数据的分析与整理

C. 技能结果　　D. 评估报告的编写

二、多项选择题

1. 有效的员工培训，其实是提升企业综合竞争力的过程。因此，良好的培训对企业的作用主要有(　　)。

A. 增强员工对企业的归属感和主人翁责任感

B. 促进企业管理层与员工的双向沟通，增强企业向心力和凝聚力，塑造优秀的企业文化

C. 提高员工综合素质、生产效率和服务水平，树立企业良好形象，增强企业盈利能力

D. 适应市场变化、增强竞争优势，培养企业的后备力量，保持企业永续经营的生命力

E. 使企业短期内获得更高的收益

2. 企业管理人员和员工认同企业文化，不仅会自觉学习掌握科技知识和技能，而且会增强(　　)。

A. 管理意识　　B. 主人翁意识

C. 竞争意识　　D. 质量意识

E. 创新意识

3. 按培训目的来划分，员工培训的形式可划分为(　　)。

A. 在职培训　　B. 知识更新培训

C. 提高业务技能培训　　D. 专业人才培训

E. 过渡性教育培训

4. 制订培训计划的内容，表述正确的有(　　)。

A. 选定培训对象　　B. 设计培训课程

C. 选择培训时机　　D. 培训工作组织

E. 遴选培训讲师

5. 现代企业培训的内容一般可以分为（　　）。

A. 知识培训　　B. 技能培训

C. 思维培训　　D. 观念培训

E. 心理培训

6. 企业何时需要开展心理培训(　　)。

A. 企业取得巨大业绩时　　B. 企业组织变革时

C. 企业出现重大突发事件时　　D. 企业员工出现普遍性职业倦怠时

E. 新员工入职时

7. 心理培训的具体方法有(　　)。

A. 心理暗示法　　B. 游戏训练法

C. 头脑风暴法　　D. 角色模拟法
E. 心理剧技术

8. 员工培训的心理暗示法中，暗示包括(　　)。
A. 他人暗示与自我暗示　　B. 野外项目拓展暗示
C. 行为暗示与环境暗示　　D. 语言暗示
E. 场地项目拓展暗示

9. 基于胜任特征的培训需求分析，基本分析步骤有(　　)。
A. 通过考察，决定组织中需要培训的地方
B. 进行组织分析，确定企业的核心胜任力
C. 任务分析，建立岗位胜任模型
D. 分析岗位工作的业绩评价标准
E. 人员分析，确定培训需求

10. 企业的核心胜任力包括(　　)。
A. 核心运作能力　　B. 核心高管团队
C. 核心经营能力　　D. 核心技术竞争力
E. 核心业务能力

11. 企业的核心技术能力包括（　　）这些互相关联的维度。
A. 企业高管的综合技能　　B. 员工的知识和技能
C. 物理技术系统　　D. 管理系统
E. 价值和规范

12. BEI 事件访谈遵循 STAR 标准进行，包括事件的（　　）。
A. 情景（situation）　　B. 任务（task）
C. 行动（action）　　D. 原因（reason）
E. 结果（result）

13. 对现有人员的胜任能力进行 360 度评估，得出能力差距。主要环节不包括(　　)。
A. 组建 360 度评估队伍　　B. 实施 360 度评价
C. 确定校标样本　　D. 获得有关胜任力特征的数据
E. 统计评分数据并报告结果

14. 直接传授培训方式有(　　)。
A. 课堂教学法　　B. 工作指导法
C. 影视法　　D. 案例分析法
E. 角色扮演法

15. 实行案例研究法，应注意(　　)。
A. 案例具有真实性　　B. 案例要和培训内容相一致
C. 案例的呈现要客观生动　　D. 语言简洁、问题清楚明了
E. 案例不能只包括唯一的答案

16. 体验式培训可以分类为(　　)。
A. 娱乐型　　B. 学习型
C. 适应型　　D. 体验型

E. 技能型

17. 系统的培训评估过程主要有(　　)。

A. 评估决定的作出　　B. 评估规划

C. 评估操作　　D. 数据的分析与整理

E. 评估报告的编写

三、简答题

1. 员工培训对企业的作用是什么?
2. 员工培训计划包括哪几个方面的内容?
3. 企业需要在哪几个时段进行心理培训?
4. 心理培训具体有哪些方法?

四、论述题

1. 员工培训需求分析的内容有哪些?
2. 进行组织分析时,核心技术能力包括哪几个方面的关联维度?
3. 对现任人员的胜任能力进行360度评估要经历哪几个环节?

五、案例分析

案例一

LG培训的形式不仅仅限于“大家坐在教室里集中听课”,而相当一部分培训已经采用最新的网络工具来实现,如使用在线培训课堂软件进行远程教育等。其培训的新渠道是IBL(internet based learning)课程,即基于互联网的学习。公司设计了以网络为基础的学习软件,活用网络提供的资源,以远程教育的形式营造有利的环境来促进学习。目前LG开发的课程有《新人社员课程》、《社员能力向上课程》、《超一流亲切课程》,把培训的课程输到软盘里,每个员工可以随时随地按照自己的方式和进度进行自我培训,完成课程中的课题,最后指导人员会把这种学习的效果评估反馈给员工。

另外,LG有全球性的Internet,中国和韩国可直接交流课程的各种设置、培训的方式和方向等。例如,在中国可以查看韩国培训中心的课程运营表,决定是否参加某个课程。

请回答下列问题:

1. 何为网上培训?
2. 与传统培训相比,网上培训有哪些优缺点?

案例二

RB制造公司是一家位于华中某省的皮鞋制造公司,拥有近400名工人。大约在一年前,公司失去了两个较大的主顾,因为他们对产品过多的缺陷表示不满。RB公司领导研究了这个问题之后,一致认为,公司的基本工程技术方面还是很可靠的,问题出在生产线上的工人、质量检查员以及管理部门的疏忽大意,缺乏质量管理意识。于是公司决定通过开设一套质量管理课程来解决这个问题。

质量管理课程的授课时间被安排在下班之后，每个周五晚上 7：00～9：00，历时 10 周。公司不付给来听课的员工额外的薪水，员工可以自愿听课，但是公司的主管表示，如果一名员工积极参加培训，那么这个事实将被记录到他的个人档案里，以后在涉及加薪或提职的问题时，公司将会予以考虑。

课程由质量监控部门的李工程师主讲，主要包括各种讲座，有时还会放映有关质量管理的录像片，并进行一些专题讨论。内容包括质量管理的必要性、影响质量的客观条件、质量检验标准、检验的程序和方法、质量统计方法、抽样检查以及程序控制等。公司里所有对此感兴趣的员工，包括监管人员，都可以去听课。

课程刚开始时，听课人数平均 60 人左右。在课程快要结束时，听课人数已经下降到 30 人左右。而且，因为课程是安排在周五晚上，所以听课的人都显得心不在焉，有一部分离家远的人员课听到一半就提前回家了。

在总结这一课程培训的时候，人力资源部经理评论说："李工程师的课讲得不错，内容充实，知识系统，而且他很幽默，使得培训引人入胜，听课人数的减少并不是他的过错。"

请回答下列问题：

1. 您认为这次培训在组织和管理上有哪些不合适的地方？

2. 如果您是公司的人力资源部经理，设计员工培训方案您会按照怎样的流程进行？

案例三

某民营企业是一个由几十名员工的小作坊式机电企业发展起来的，目前已拥有 3000 多名员工，年销售额达几千万元，其组织结构属于比较典型的直线职能制形式。随着本行业的技术更新和竞争的加剧，高层领导开始意识到，企业必须朝产品多元化方向发展。其中一个重要的决策是转产与原生产工艺较为接近、市场前景较好的电信产品。恰逢某国有电子设备厂濒临倒闭，于是他们并购了该厂，在对其进行技术和设备改造的基础上，组建了电信产品事业部。然而，企业在转型过程中的各种人力资源管理问题日益显现出来。除了需要进行组织结构的调整之外，还需要加强企业人力资源管理的基础工作，调整不合理的人员结构，裁减一批冗余的员工，从根本上改变企业人力资源落后的局面。

此外，根据购并协议，安排在新组建的电信产品事业部工作的原厂 18 名中层、基层管理人员，与公司新委派来的 12 名管理人员之间的沟通与合作也出现了一些问题。如双方沟通交往较少，彼此的信任程度有待提高；沟通中存在着障碍和干扰，导致了一些不必要的误会、矛盾，甚至是冲突的发生。他们希望公司能够通过一些心理培训来帮助解决这些问题。上级要求人力资源部设计一个培训方案，帮助电信产品事业部的管理人员加强沟通与合作。

请结合案例，回答下列问题：

1. 什么是心理培训？

2. 企业何时需要开展心理培训？

3. 心理培训的具体方法有哪些？

案例四

T 公司深刻地认识到，先进的管理只有依靠优秀的人才才能实现，人才培训是造就优秀人才的必要途径。18 年来，该公司已经累计培训员工 20 万人次，基本培训资金投入超过

2.4亿元。作为世界最大的餐饮连锁企业，该公司不仅给中国带来了异国风味的美味食品、上万个就业机会，还提供了一套全新的具有国际化标准的人员培训和管理系统。从每一个新员工踏进公司大门的那一刻起，公司就根据未来发展和运营的需要，为他们量身订制了培训与发展计划，而且设计了多方面、多层次的培训开发课程。例如，对新进公司的每个餐厅服务员，都会有一个平均200小时的“新员工培训计划”。餐厅管理人员不但要学习入门的分区管理手册，还要接受公司的高级知识技能培训，并会被送往国外考察进修，接受新观念以开拓思路；由于餐厅经理是直接面对顾客的最重要管理人员，公司会安排其参加各种有趣的竞赛和活动，如每年的“餐厅经理年会”、“餐厅经理擂台赛”等，使餐厅经理们既有机会交流学习，同时也具有昂扬向上的风貌。从最基本的人际关系管理技巧，到岗位基础技能培训、分区管理技巧乃至高级知识技能培训，该公司设计的每项课程都具有很强的针对性，从而起到事半功倍的作用。

餐厅是T公司的基本业务单元，因此针对餐厅管理人员的“教育培训系统”是该公司人力资源培训战略的重要环节，这套系统被某些业内人士称为“制造核心竞争力的永动车”。1996年，公司专门建立了对餐厅管理人员进行训练的专业基地——教育发展中心，每年为来自全国各地2000多名该公司餐厅管理人员提供上千次的培训课程。使他们从一个丝毫不了解餐饮行业、不了解餐厅管理的外行人，发展到餐厅经理中的精英，在这个过程中，企业提供的不同培训课程以及量身订制的长远规划功不可没。

请您结合本案例，回答以下问题：

1. T公司的员工培训开发系统具有哪些特点？

2. 参考案例，简述员工培训需求基本分析步骤有哪些？

3. T公司的员工培训制度对我们有哪些启示？

参考答案

一、单项选择题

1. B	2. A	3. C	4. D	5. C
6. B	7. C	8. A	9. C	10. B
11. C	12. D	13. C	14. D	15. A
16. C	17. D	18. B	19. A	20. B
21. D	22. C			

二、多项选择题

1. ABCD	2. BDE	3. BCDE	4. ABCDE	5. ABCDE
6. BCDE	7. ABCDE	8. ACD	9. BCE	10. AD
11. BCDE	12. ABCE	13. CD	14. ABC	15. ABCE
16. ADE	17. ABCDE			

三、简答题

1. 员工培训对企业的作用主要表现在：

（1）培训能增强员工对企业的归属感和主人翁责任感。

（2）培训能促进企业与员工、管理层与员工的双向沟通，增强企业向心力和凝聚力，塑造优秀的企业文化。

（3）培训能促进员工综合素质，提高生产效率和服务水平，树立企业良好形象，增强企业盈利能力。

（4）培训能适应市场变化、增强竞争优势，培养企业的后备力量，保持企业经营的生命力。

2. 员工培训计划包括的内容：

（1）选定培训对象。

（2）遴选培训讲师。

（3）设计培训课程。

（4）选择培训形式和方法。

（5）选择培训时机。

（6）培训工作组织。

3. 企业进行心理培训主要是在：

（1）企业组织变革时。

（2）企业出现重大突发事件时。

（3）企业员工出现普遍性职业倦怠时。

（4）新员工入职时。

4. 心理培训的具体方法有：

（1）心理暗示法。

（2）游戏训练法。

（3）拓展训练法。

（4）头脑风暴法。

（5）角色模拟法。

（6）心理剧技术。

四、论述题

1. 员工培训需求分析的主要内容：

（1）组织分析。组织分析需要依据公司和部门的运行计划和远景规划，预测未来本组织在技术上和组织结构上可能发生的变化，了解现有员工的能力并预测组织的发展需要，确定员工需要具备哪些知识、技能和态度，以保证培训计划与组织的整体目标和战略要求相符，并确保取得管理层和同时对培训活动的支持。

（2）任务分析。任务分析的目的是明确任务的职责及各种重要任务对任职者知识、技能和态度等方面的要求，从而确定培训的内容，并不是每一次培训都必须重新进行工作分析，通过不断改进先前建立起来的岗位说明书和工作规范就可以完成此项工作。

（3）人员分析。判断造成工作绩效不佳的原因是什么，通过培训能不能解决这些方面的问题，以确定谁需要接受培训，接受什么样的培训以及培训内容是什么，并让其做好培训准备。

2. 进行组织分析时，核心技术能力包括的关联维度主要有：

（1）员工的知识和技能：员工头脑中积累起来的知识和技能。

（2）物理技术系统：随着时间的流逝，技术竞争力在物理系统中不断积淀，如数据库、机械和软件程序等。

（3）管理系统：公司的教育培训和激励系统对员工知识的引导、传递和管理。

（4）价值和规范：支持和鼓励知识和技能背后的指导理念。

3. 对现任人员的胜任能力进行360度评估要经历的主要环节：

（1）组建360度评估队伍。此处应注意，无论是由被评价人自己选择还是由上级指定评估者，都应该得到被评价者的同意，这样才能保证被评价者对结果的认同和接受。

（2）对被选拔的评价者进行“如何向他人提供反馈”和评估方法的训练和指导。

（3）实施360度评价。对具体施测过程加强监控和质量管理。例如，从问卷开封、发放、宣读指导语到疑问解答、收卷和加封保密的过程，实施标准化管理。

（4）统计评分数据并报告结果。目前，已有专门的360度反馈评价结果分析软件，能绘制多种统计图表，使用起来相当方便。

（5）对被评价人进行“如何接受他人反馈”的训练。可以采用讲座和个别辅导的方法进行。重点建立被评价人对于评价目的和方法可靠性的认同，并指出360度反馈评价结果主要用于为员工工作改进和未来发展道路选择提供建议，与奖励、薪酬挂钩程度有限。

（6）根据反馈的问题，企业管理部门和员工共同商量制订相应的培训计划。

五、案例分析

案例一

1. 网上培训，是指通过公司的内部网、外部网对学员进行培训，它以其无可比拟的优越性受到越来越多的公司的青睐。在网上培训，教师将培训课程储存在培训网站上，散布在世界各地的学员利用网络浏览器进入该网站接受培训。

2. 优点是节省培训费用；可及时、低成本地更新培训内容；可充分利用网络上的声音、图片和影音文件资源，增强教学的趣味性，提高学习效率；进程安排灵活，学员不用中断工作。缺点是企业需建立良好的网络培训系统；某些培训内容不适用于网上培训方式，如人际交流。

案例二

1. 不合适的地方有：①时间安排不当；②内容安排不当；③授课方式不灵活、单一；④缺乏考勤、考核、奖罚措施；⑤学员间缺乏沟通、交流。

2. 设计方案流程有以下几点：

（1）首先进行培训需求分析。培训需求分析是在企业培训需求调查的基础上，采用全面分析与绩效差距分析等多种分析方法和技术对企业及其成员在知识、技能、目标等方面进行系统分析，以确定是否需要培训，以及培训内容的过程。

（2）制订培训计划。培训计划的设计是基于对培训需求了解基础上展开的工作。培训计划主要有以下一些内容：①选定培训对象；②遴选培训讲师；③设计培训课程；④选择培训形式和方法；⑤选择培训时机；⑥培训工作组织。

（3）培训效果评估。

案例三

1. 企业心理培训是指将心理学的理论、理念、方法和技术应用到企业管理和训练活动之中，以更好地解决员工的动机、心态、心智模式、情商、意志、潜能及心理素质等一系列心理问题，使其心态得到调适、心态模式得到改善、意志品质得到提升、潜能得到开发等。

2. 一般来说，企业什么时候都可以进行心理培训，但是在以下几个时间段，则特别需要进行心理培训：

（1）企业组织变革时。

（2）企业出现重大突发事件时。

（3）企业员工出现普遍性职业倦怠时。

（4）新员工入职时。

3. 心理培训的具体方法有：

（1）心理暗示法。

（2）游戏训练法。

（3）拓展训练法。

（4）头脑风暴法。

（5）角色模拟法。

（6）心理剧技术。

案例四

1. 特点：

（1）该公司高度重视人力资本投资。18 年来，累计培训员工 20 万人次，基本培训资金投入超过 2.4 亿元。

（2）该公司构建了具有国际化的人力资源培训开发体系，为企业人才的培养奠定了基础。

（3）根据不同培训对象的培训需求，制定了详尽的多方面、多层次的员工培训规划，并设计具有很强针对性的培训课程。

（4）提高核心竞争力，强调培训的动态性，为员工设计了富有激励效应的阶梯形职业发展道路，营造了全新的人性化的管理模式，不但帮助新员工量身订制个人培训发展计划，还能根据员工不同的发展阶段，有针对性地对其进行岗位管理技能培训。

（5）该公司设计的培训体系内容新颖、方式方法灵活多样，不仅有传统的专业知识、管理技能的培训，还组织员工参加各种有趣的竞赛和活动，例如，“餐厅经理年会”和“餐厅经理擂台赛”，对具备条件的员工还派往国外进修实习。

2. 员工培训需求基本分析步骤有：

（1）组织分析，确定企业的核心胜任力。

（2）任务分析，建立岗位胜任模型。

（3）人员分析，确定培训需求。

3. 启示：

（1）企业要发展壮大，就应当始终将员工培训作为一项战略任务。该公司的成功之处，首先就在于它具有正确的培训价值观，人们把培训不仅看成提高员工基本技能的手段，也使其成为公司创造智力资本的基本途径，因而努力将企业构建成一个有利于员工与企业共同发展的学习型组织。

（2）“识人”环节重要，“育人”的环节更为重要。该公司的实践充分证明，有竞争力的培训越来越成为企业吸引、留住人才的重要前提。重视培训，不仅可以更好地满足企业长远的战略发展需求，还可以满足员工的职业生涯发展需要，有效地留住人才。

（3）应当高度重视员工培训需求的分析。如前所述，该公司的培训体系具有很强的针对性，正是因为它是建立在对各类培训对象进行全面的培训需求分析的基础之上的。

（4）应当重视对企业培训资源进行必要评估和全面整合。一个良好的培训开发体系，需要有一定人力、物力和财力等物质基础的支持。在制定员工培训开发中远期规划时，必须考虑充分开发利用各种教学资源，既要统筹规划培训经费，组建培训师资队伍，还要改善培训场地和设施，搭建培训所必需的人、财、物的平台，才能最终实现企业培训规划的目标。

（5）应当对各类员工培训课程进行精心设计，使培训课程体系目标明确、重点突出、不断创新。该公司培训开发体系之所以在员工队伍素质建设中发挥了重要的作用，与公司所开设的培训课程具有很强的实用性、适应性、导向性和科学性密切相关。

（6）成功的培训需要建立严格的培训评估体系。为了提高员工培训投资的效益，企业必须建立培训评估的跟踪系统，对培训的全过程进行监督控制，以确保实现培训目标。

第6章 职业生涯管理

考核内容

职业生涯、职业生涯规划的概念与主体；个人职业生涯设计的基本流程；员工职业生涯管理的内容；职业生涯高原。

一、职业生涯管理概述

（一）职业生涯

职业生涯就是一个人的职业经历，它是指一个人一生中所有与职业相关的行为与活动，以及相关的态度、价值观、愿望等经历的过程，也是一个人一生中职业、职位的变迁及工作、理想的实现过程。

（二）职业生涯规划

职业生涯规划简称生涯规划，又称职业生涯设计，是指个人与组织相结合，在对一个人职业生涯的主客观条件进行测定、分析、总结的基础上，对自己的兴趣、爱好、能力、特点进行综合分析与权衡，结合时代特点，根据自己的职业倾向，确定其最佳的职业奋斗目标，并为实现这一目标做出行之有效的安排。

职业生涯规划涉及员工本身、上级主管和组织，完整的职业生涯规划应是三者共同努力来完成的。

（三）职业生涯发展阶段

第一阶段，20～30岁。

第二阶段，30～40岁。

第三阶段，40～50岁。

第四阶段，50～60岁。

二、职业生涯管理流程

（一）个人职业生涯设计

个人职业生涯设计包括自我评价、确立目标、环境评价、职业定位、实施策略、评估与反馈。

（二）员工职业生涯管理

员工职业生涯管理包括员工自我评估、组织对员工的评估、职业信息的传递、职业咨询与指导、员工职业发展设计。

（三）职业生涯高原

职业生涯高原，是指员工已不可能再得到职务晋升，或承担更多的责任，尽管发展通道和更高层次的职位是清晰可见的，但在职务晋升时似乎被一层玻璃挡着，可望而不可即。

导致员工进入职业生涯高原期的因素很多，但最主要的是员工个人以及组织管理这两个方面的原因。

重点和难点

本章应掌握的主要知识点：（1）职业生涯、职业生涯规划的概念；（2）个人职业生涯设计的基本流程；（3）员工职业生涯管理的内容；（4）职业生涯高原。

同步综合练习题

一、单项选择题

1. 职业生涯是一个人一生中所有与职业相关的行为与活动，以及相关的态度、价值观、愿望等经历的过程，这个过程是一个(　　)。

A. 动态的过程　　B. 静态的过程

C. 不断变化的过程　　D. 动态与静态相结合的过程

2. 从事一种职业时的知识、观念、经验、能力、心理素质、内心感受等因素的组合及其变化过程，这指的是(　　)。

A. 长期职业生涯　　B. 短期职业生涯

C. 内职业生涯　　D. 外职业生涯

3. 下列关于内、外职业生涯的说法，不正确的是(　　)。

A. 只有内、外职业生涯同时发展，职业生涯之旅才能一帆风顺

B. 内职业生涯的发展，是外职业生涯发展的前提

C. 外职业生涯发展顺利，还可以促进内职业生涯的发展

D. 如果只盯着外职业生涯的各种因素，我们的职业生涯发展也能达到预期目标

4. 帮助个人达成其每一个阶段的生涯发展任务，并为下一个阶段发展作好预先的规划和准备，这是职业生涯规划的(　　)。

A. 前提　　B. 目的

C. 保障　　D. 内容

5. 职业生涯规划可以从哪几个方面进行划分？(　　)

A. 个人角度　　B. 企业角度

C. 个人和企业角度　　D. 社会角度

6. 对员工职业生涯规划负主要责任的是(　　)。

A. 上级主管　　B. 企业

C. 同事　　D. 员工本身

7. 处于职业生涯发展30～40岁阶段时的主要任务除发奋努力、展示才能以外，对很多人来说，还有一个任务是(　　)。

A. 树立良好的形象　　B. 调整职业目标

C. 继续学习　　D. 选择职业

8. 对于处在职业生涯发展40～50岁阶段的人来说，除了事业上大显身手之外，另一个主要任务是(　　)。

A. 树立良好的形象　　B. 调整职业目标

C. 继续充电　　D. 选择职业

9. 在个人职业生涯设计的步骤中，其中最为基础的是(　　)。

A. 自我评价　　B. 确立目标

C. 环境评价　　D. 职业定位

10. 在职业生涯规划中，确立的目标不包括(　　)。

A. 短期目标　　B. 中期目标

C. 长期目标　　D. 宏伟目标

11. 组织管理部门根据组织发展和组织人力资源规划的需要，根据员工自身的特点及岗位特征进行评价，协助员工实现职业生涯发展目标的过程，称为(　　)。

A. 职业生涯管理　　B. 企业职业生涯管理

C. 个人职业生涯管理　　D. 员工职业生涯管理

12. 运用适宜、有效的测量工具对寻求指导的个体的职业素质进行评价的过程，称为(　　)。

A. 职业鉴定　　B. 职业测验

C. 素质测评　　D. 职业定位

13. 对个体素质测量数据进行综合分析，然后作出职业适应性判断的过程，称为(　　)。

A. 职业鉴定　　B. 职业测验

C. 素质测评　　D. 职业定位

14. 员工职业生涯管理中最核心的一块是对员工可能的各种职业发展途径做出安排，也称作(　　)。

A. 组织对员工的评估　　B. 职业信息的传递

C. 员工职业发展设计　　D. 职业咨询与指导

15. 导致员工进入职业生涯高原期的员工因素不包括(　　)。

A. 员工的培训不足，自我学习不够　　B. 员工个人能力不够

C. 员工岗位职务不清　　D. 员工个人的低成就需求

二、多项选择题

1. 如何选择和规划自己的职业生涯，往往受（　　）等主客观条件的制约。

A. 社会关系　　B. 学识

C. 爱好　　D. 机遇

E. 工作环境

2. 职业生涯可以分为(　　)。

A. 长期职业生涯　　B. 终生职业生涯

C. 短期职业生涯　　D. 内职业生涯

E. 外职业生涯

3. 职业生涯规划涉及的主体有(　　)。

A. 员工　　B. 客户

C. 组织　　D. 上级主管

E. 供应商

4. 处于职业生涯发展 20～30 岁阶段的主要任务是(　　)。

A. 调整职业目标　　B. 选择职业

C. 大显身手　　D. 树立良好的形象

E. 坚持学习

5. 晚年职业生涯规划的主要内容应包括(　　)。

A. 确定退休后的二三十年内，你准备干点什么事情，然后根据目标，制订行动方案

B. 学习退休后的工作技能，最好是在退休前三年开始着手学习

C. 了解退休后再就业的有关政策

D. 无工作一身轻，安心养老

E. 寻找工作机会，例如，离退休人员的人才职业介绍所

6. 设计好个人职业生涯规划就必须做好职业生涯设计的以下具体步骤(　　)。

A. 自我评价及确立目标　　B. 环境评价

C. 职业定位　　D. 实施策略

E. 评估与反馈

7. 一般来说，完整的职业生涯管理能够体现两个方面的要求，这两个方面是(　　)。

A. 员工个人职业发展的要求　　B. 组织发展的要求

C. 主管人员发展的要求　　D. 客户发展的要求

E. 供货商发展的要求

8. 员工职业生涯管理流程主要包括(　　)。

A. 员工自我评估　　B. 组织对员工的评估

C. 职业信息的传递　　D. 职业咨询与指导

E. 员工职业发展设计

9. 导致员工进入职业生涯高原期的组织因素有(　　)。

A. 不公平的工资制度　　B. 员工的个人低成就需求

C. 员工的培训不足，自我学习不够　D. 员工岗位职责不清

E. 缺少发展机会而造成的职业成长过慢

10. 组织内发展机会可能很多，但对一部分员工来说还是不够，甚至根本没有。造成这种情况的原因有(　　)。

A. 由于竞争压力的加剧，向上发展空间受阻

B. 组织受社会外部环境的影响

C. 与组织的人力资源开发取向有关

D. 技术进步、组织重组削减很多职位

E. 组织的人力资源管理措施不到位，职业通道设计过窄，缺乏附属通道的有力支撑

三、简答题

1. 简述完整的职业生涯规划涉及哪些责任主体。
2. 简述员工职业生涯管理的流程。

四、论述题

1. 试按照四个年龄阶段分析职业生涯发展各阶段的特点。

2. 个人职业生涯设计的具体步骤有哪些?

3. 公司为员工提供的职业发展通道有哪些类型?

五、案例分析题

案例一

上周，市场部的王经理带着几名下属突然集体跳槽了。这一举动在公司上下引起了很大振动，本周技术部的骨干李先生又写了份离职申请交到了总裁办公室。这可急坏了人力资源部的何经理，公司总裁吩咐他立刻调查原因。经过调查发现，市场部的王经理认为自己的业绩突出，早就应该升任市场总监，可是公司上个月突然外聘了一位，面对升迁无望，王经理毅然决定离职。作为技术部的骨干李先生在自己的工作岗位上整整干了五年，虽然同事们很羡慕，但他却觉得工作缺乏挑战性，都是些日常性的技术活。何经理经过仔细分析发现，原来他们都从不同侧面遭遇了职业生涯高原。为此，何经理立即写了一份报告送到了总裁办公室，因此引起了总裁的高度重视。

请回答下列问题：

1. 什么是职业生涯高原?

2. 影响员工进入职业生涯高原期的因素主要有哪些?

案例二

陈新，男，35 岁，毕业于我国一所著名高校的机械自动化专业，1997 年以优秀硕士毕业生的资格被分配到北京一家大型国有企业担任产品设计工作。然而，由于公司业务发展受到外企冲击，加上单位领导无方，公司很快到了靠卖地给员工发工资的地步，与陈新一同分配来的年轻同事纷纷辞职。陈新也在两年后跳到了一家欧资公司任机械工程师。在这家规模不大的外企，陈新工作上游刃有余，与同事的关系也十分融洽。

不过，欧资企业的管理相对松散，工作压力也不大，对于希望能够在技术上有所创新的陈新而言，越来越缺乏吸引力。因此，陈新在一年半后再次跳槽，进入一家全球顶尖的美资公司，职位仍然是工程师。

此后，三年中，陈新参与了公司的三个重要技术项目，其中在两个项目中担任主设计师，而且这两个项目都获得了该公司全球范围内评选、颁发的为数不多的技术奖。其间，陈新结婚了，家庭生活很幸福。但是，随着工作的日趋程式化，陈新已经没有当初进公司时的那种工作热情了。相反，每年公司针对年轻员工管理技能方面组织的一些培训，激发了陈新对管理职位的兴趣。只是公司内的各级管理人员，要么是美国总部派来的高管，要么是中国公司成立初期招聘的那批搞技术出身的老员工，陈新发现自己转为管理岗位的机会很小。陈新也想过转到其他公司找机会，可发了几封应聘信，回信都询问他是否对技术岗位感兴趣。不久，陈新买房了，装修、搬家等杂务事使夫妻二人近一年的生活都乱了套，转工作的事情也被拖延下来。

转眼到了 2005 年 3 月，陈新搬进了新家，生活逐渐恢复了正常。公司在过去一年中没有新的技术项目，陈新越来越感到工作没劲，其职业发展又成为他的重要议题。很巧的是，陈新偶然从网上看到一条信息，是欧洲一个著名的基金会组织的“国际经理人培养计划”，招募有技术背景的年轻人到欧洲攻读 MBA；基金会提供奖学金，学员读书期间在欧洲企业实习，毕业后被派回中国分公司。看到这则信息，陈新觉得豁然开朗，马上提出申请，并于4月初顺利通过面试。据基金会中国办事处的负责人介绍，“根据往年情况，只要通过面试的人员同意前往，就没有问题了”。由于正式的录取通知书要等6月底到欧洲与企业领导见面后才能发放，此时陈新又在考驾驶执照，他便辞了职，一边上驾校、一边复习英语。

2005年7月初，陈新一行12人赴欧洲参加企业面试，旅行费用由基金会担负。不料，结果大失所望：到见面会的企业寥寥无几，最终12人中只有3人与企业签订了协议，陈新空手而回。基金会的负责人向大家深表歉意，但已于事无补。陈新极度失望，回来后马上通过网络投放简历找工作。然而，直到2005年12月，还是没有找到合适的管理职位，甚至连陈新一向擅长的技术岗位也没找到。

请结合案例回答下面的问题：

1. 陈新在硕士毕业后近十年的职业生涯中虽然取得了一些好的成就，但仍存在不少问题，请从职业生涯角度谈谈他存在的问题有哪些？

2. 要做好个人职业生涯规划就必须按照职业生涯设计的流程，认真做好每个环节。简述职业生涯设计的具体步骤包括哪些方面？

参考答案

一、单项选择题

1. A	2. C	3. D	4. B	5. C
6. D	7. B	8. C	9. A	10. D
11. D	12. B	13. A	14. C	15. C

二、多项选择题

1. BCDE	2. DE	3. ACD	4. BDE	5. ABCE
6. ABCDE	7. AB	8. ABCDE	9. ADE	10. BCE

三、简答题

1. 职业生涯规划涉及的责任主体有：

（1）员工本身的责任。

（2）上级管理人员的责任。

（3）组织的责任。

2. 员工职业生涯管理的流程：

（1）员工自我评估。

（2）组织对员工的评估。

（3）职业信息的传递。

（4）职业咨询与指导。

（5）员工职业发展设计。

四、论述题

1. 职业生涯发展各阶段的特点：

第一阶段，20～30 岁——走好第一步。这一阶段的主要任务是选择职业；树立自己良好的形象；坚持学习。

第二阶段，30～40 岁——修订目标。这个时期是充分展现自己才能、获得晋升、事业得到迅速发展之时；同时应调整职业、修订目标。

第三阶段，40～50 岁——及时充电。这一阶段是事业上获得成功的人大显身手的时期；另一个任务是继续“充电”。

第四阶段，50～60 岁——做好晚年生涯规划。主要内容是确定退休后的二三十年内的行动方案，学习退休后的工作技能，了解退休后再就业的有关政策，寻找工作机会。

2. 个人职业生涯设计的具体步骤有：

（1）自我评价。就是全面了解自己。

（2）确立目标。通常目标有短期目标、中期目标、长期目标和人生目标之分。

（3）环境评价。评估环境因素对自己职业生涯发展的影响，分析环境条件的特点、发展变化情况，把握环境因素的优势与限制。

（4）职业定位。职业定位就是要为职业目标与自己的潜能以及主客观条件谋求最佳匹配。

（5）实施策略。就是要制订实现职业生涯目标的行动方案，要有具体的行为措施来保证。

（6）评估与反馈。整个职业生涯设计要在实施中去检验，看效果如何，及时解决职业生涯设计各个环节出现的问题，找出相应对策，对设计进行调整与完善。

3. 公司为员工提供的职业发展通道有：

（1）纵向发展。纵向发展指的是传统的晋升道路，即行政级别的晋升，又称为职务提升。

（2）横向发展。横向发展通道包括两个方面：一是针对员工特长进行工作轮换，发展自己的多重技能；二是钻研本职岗位业务，从一般科员发展成为有关方面的专家，这种发展又可称为职级发展。横向发展是公司员工主要的发展通道。

（3）综合发展。综合发展是指横向、纵向发展相结合的综合发展通道。

五、案例分析题

案例一

1. 职业生涯高原，是指员工已不大可能再得到职务晋升或承担更多的责任，尽管发展通道和更高层次的职位是清晰可见的，但在职务晋升时似乎被一层玻璃挡着，可望而不可即。

2. 导致员工进入职业生涯高原期的因素很多，但最主要的是员工个人以及组织管理这两个方面的原因，当然还有外部环境的影响因素。

员工因素：

(1) 员工的培训不足，自我学习不够。

(2) 员工个人的能力不够，主要指学习能力不够和身体能力不够。

(3) 员工个人的低成就需求。

组织因素：

(1) 不公平的工资制度。

(2) 员工岗位职责不清。

(3) 缺少发展机会而造成的职业成长过慢。

案例二

1. 存在的问题：

(1) 个人职业生涯发展目标不明确。从本案例可以看到，虽然陈新是个有抱负而且素质很高的年轻人，但他并没有明确的职业发展目标，每次职业上的转换都有些“无意识”。由此可以判断，陈新并未真正将从事管理工作、成为出色的管理者作为自己的职业目标，至少这个目标不明确。

(2) 个人职业生涯发展的路径选择不确定。本案例中，根据陈新的知识、学历及经历，既可以沿着高级专业技术人员的成长路径发展，也可以按照技术管理人员的成长路径发展。然而，陈新在两条路径的选择中显得犹豫不决，由于未能尽早确定自身生涯发展的路径，陈新在职业成长中显得举棋不定。

(3) 未对自身职业素质及所处职业环境进行系统评估。本案例中的陈新虽然技术能力很强、对管理职位有强烈的兴趣，但并未曾根据管理岗位的职位要求对自身职业素质进行系统评估。加之陈新扎实的专业知识和在原公司的技术背景都很难为其“管理技能项”加分。因此，他从欧洲回来后寻求管理职位就显得有些盲目，所以很难得到积极的回馈。

(4) 选择职业转换的时机和方法不科学。陈新在转换职业时，显得不够慎重。由于一些客观原因，近年来，“每年12月至来年2月为转工高峰期”成为越来越显著的现象。而陈新选择4月初离职，正是各个公司人员岗位刚刚就绪的时期。陈新在辞职前，既没有考虑欧洲项目的风险，也没有考虑现实人力资源市场的情况，所以在欧洲项目出现问题后，陷入十分被动的境地。

2. 个人职业生涯规划的具体步骤：

(1) 员工自我评估。

(2) 组织对员工的评估。

(3) 职业信息的传递。

(4) 职业咨询与指导。

(5) 员工职业发展设计。

第7章 绩效管理

考核内容

绩效、绩效管理的基本概念；绩效管理的基本流程；以人力资源部门为核心、以部门经理为核心的绩效沟通；构建绩效考核指标体系的基本思路；中小企业绩效管理的误区。

一、绩效管理概述

（一）绩效的含义

绩效就是结果；绩效的目标是行为，而不是结果；个体特征可以反映绩效水平；绩效管理的对象是战略的实施过程。

绩效的性质：绩效的多因性、绩效的多维性、绩效的动态性。

（二）绩效管理的意义

（1）绩效管理的核心目的是通过提高员工的绩效水平来提高组织或者团队的绩效。

（2）绩效管理提供了一个规范而简洁的沟通平台。

（3）绩效管理为企业的人力资源管理与开发提供了必要的依据。

二、绩效管理流程

（一）绩效管理基本流程

绩效管理基本流程有绩效管理的基础工作、绩效指标的设定、绩效计划、绩效实施与管理、绩效考核、绩效反馈面谈、绩效考核结果利用。

（二）绩效沟通

（1）以人力资源部门为核心的绩效沟通。

（2）以部门经理为核心的绩效沟通。

三、绩效考核指标体系

（一）关键绩效指标

关键绩效指标（KPI）是指有符合企业目标的、明显或明确绩效改进及绩效提升的业绩指标。

KPI体系包括三个层面的指标：第一个层面是企业级的KPI，是通过基于战略的关键成功要素法分析得来的；第二个层面是部门级的KPI，是根据企业级、部门职责、业务流程分解而来的；第三个层面是个人的KPI，是根据部门KPI、岗位职责和业务流程演化而来的。

（二）平衡计分卡

平衡计分卡是一种绩效管理的工具。它将企业战略目标逐层分解转化为各种具体的、相互平衡的绩效考核指标体系，并对这些指标的实现状况进行不同时段的考核，从而为企业战略目标的完成建立起可靠的执行基础。

平衡记分卡的设计包括四个方面：财务角度、顾客角度、内部经营流程、学习和成长。这几个角度分别代表企业三个主要的利益相关者：股东、顾客、员工。每个角度的重要性取决于角度的本身和指标的选择是否与公司战略目标相一致。

重点和难点

本章应掌握的主要知识点：(1) 绩效、绩效管理的基本概念；(2) 绩效管理的基本流程；(3) 绩效沟通的重要性；(4) 构建绩效考核指标体系的基本思路。

同步综合练习题

一、单项选择题

1. 绩效管理中绩效考核指标设定的根本出发点在于（ ）。

A. 行为指标 B. 结果指标

C. 个体特征指标 D. 战略指标

2. 绩效的多因性质包括（ ）。

A. 内因和外因 B. 主要原因和次要原因

C. 先天因素和后天因素 D. 自身原因和其他原因

3. 各级管理者和员工为了达到组织目标而共同参与的绩效计划制订、绩效辅导沟通、绩效考核评价、绩效结果应用、绩效目标提升的持续循环过程称为（ ）。

A. 绩效目标 B. 绩效沟通

C. 绩效考核 D. 绩效管理

4. 下列关于绩效管理描述不正确的是（ ）。

A. 绩效管理为企业的人力资源管理与开发提供了必要的依据

B. 公正科学的绩效考核可以优化自身的组织结构，提升整体业绩

C. 员工通过绩效考核，能正确地认识自己的优缺点，及时对自身的发展方向进行修正

D. 绩效管理给员工营造出了一种紧张消极的工作环境，不利于企业的发展

5. 绩效管理的关键环节不包括（ ）。

A. 指标的设置 B. 绩效考核

C. 员工绩效评估 D. 绩效改进

6. 绩效管理的落脚点是实现企业的（ ）。

A. 战略目标和经营目标 B. 战略目标

C. 经营目标 D. 量化目标

7. 要想有效地进行绩效管理，必须首先要有清晰的（ ）。

A. 职位描述信息 B. 绩效指标设定

C. 绩效计划 D. 绩效反馈

8. 在对某个被考核对象进行绩效考核时，期望其应该达到的水平标准可以称为（ ）。

A. 择优标准 B. 最低标准

C. 卓越标准 D. 基本标准

9. 在对被考核对象进行绩效考核时，对其未作要求和期望但可以达到的绩效水平，这种水平可以称为（ ）。

A. 择优标准 B. 最低标准

C. 卓越标准 D. 基本标准

10. 经过管理者和被管理者共同沟通，对被管理者的工作目标和标准达成一致意见，形成契约的过程称为（ ）。

A. 绩效计划 B. 绩效沟通

C. 绩效考核　　D. 绩效反馈

11. 贯穿于绩效管理始终的过程是(　　)。
A. 绩效计划　　B. 绩效沟通
C. 绩效考核　　D. 绩效反馈

12. 主要通过沟通解决员工对绩效管理重要性的认识和考核意愿的问题，使企业全体成员从心理上接受它，指的是以（　　）为核心的绩效沟通。
A. 企业员工　　B. 企业高管
C. 部门经理　　D. 人力资源部门

13. 以部门经理为核心的绩效计划沟通内容不包括(　　)。
A. 要把企业的战略规划和发展目标清晰地传达给员工，将企业经营目标转换为绩效指标
B. 将部门绩效目标进行分解，通过目标本身的沟通让员工认同工作目标和绩效指标
C. 不需要针对实现目标所需要采取的方法和措施进行沟通
D. 就是解决实现目标所需的资源支持问题，为顺利完成目标计划做充分的资源准备

14. 符合企业目标的、具有明显或明确的绩效改进及绩效提升的业绩指标称为(　　)。
A. 行为特征指标　　B. 平衡计分卡指标
C. 结果特征指标　　D. 关键绩效指标

15. 基于企业发展战略的关键成功要素法分析得到的关键绩效指标指的是(　　)。
A. 战略级的 KPI　　B. 企业级的 KPI
C. 部门级的 KPI　　D. 个人的 KPI

16. 根据企业发展战略、部门的职责和部门业务流程分解得到的关键绩效指标是(　　)。
A. 战略级的 KPI　　B. 企业级的 KPI
C. 部门级的 KPI　　D. 个人的 KPI

17. 根据部门的关键绩效、岗位职责和岗位业务流程得到的关键绩效指标是(　　)。
A. 战略级的 KPI　　B. 企业级的 KPI
C. 部门级的 KPI　　D. 个人的 KPI

18. 下列不属于确定企业级关键绩效指标的内容是(　　)。
A. 部门职责的分解　　B. 明确企业战略
C. 确定关键绩效领域　　D. 设计企业级关键绩效指标

19. 在确定部门级关键绩效指标时，指标较少来自于其部门职责的部门是(　　)。
A. 行政办公室　　B. 财务部
C. 人力资源部　　D. 销售部

20. 将企业战略目标逐层分解转化为各种具体的、相互平衡的绩效考核指标体系，并对这些指标的实现状况进行不同时段的考核，从而为企业战略目标的完成建立起可靠的执行基础。这种业绩指标被称为(　　)。
A. 行为特征指标　　B. 平衡计分卡
C. 结果特征指标　　D. 关键绩效指标

二、多项选择题

1. 对于绩效的含义，通常的理解有(　　)。
A. 绩效就是结果　　B. 绩效的目标是行为
C. 绩效就是效能　　D. 个体特征可以反映绩效水平
E. 绩效管理的对象是战略的实施过程
2. 绩效管理中绩效考核指标的设定涉及哪些指标？(　　)
A. 过程指标　　B. 权重指标
C. 结果指标　　D. 行为指标
E. 个体特征指标
3. 绩效的性质包括(　　)。
A. 结果性　B. 多因性　C. 行为性
D. 多维性　E. 动态性
4. 绩效管理的目的是持续提升(　　)。
A. 绩效目标的改善　　B. 个人的绩效
C. 部门的绩效　　D. 组织的绩效
E. 绩效考核指标的达成
5. 企业的管理体系是一个（　　）的系统。
A. 立体　　B. 具体
C. 多元　　D. 一维度
E. 多维度
6. 绩效考核的目的有(　　)。
A. 提供一个规范而简洁的沟通平台
B. 通过一系列的支持、督导，确保任务的完成
C. 对任务、目标完成情况进行客观评价
D. 提高被考核主体的任务完成能力
E. 明确每个被评价主体的任务与目标
7. 中小企业绩效管理的主要误区有(　　)。
A. 绩效管理不是为了奖勤罚懒　　B. 绩效管理不只是人力资源管理者的事
C. 绩效管理应由外向内并向前　　D. 绩效指标不是越全越好
E. 绩效指标不一定量化
8. 绩效管理成功与否，主要取决于（　　）。
A. 评价指标的设置是否科学合理　　B. 企业战略目标是否可行
C. 考核方法、技巧是否可行　　D. 评价方法是否实用有效
E. 评价结果是否真正得到应用
9. 在设定绩效指标时，通常需要考虑的两类标准是(　　)。
A. 择优标准　　B. 基本标准
C. 卓越标准　　D. 最低标准
E. 最优标准

10. 在绩效实施与管理的过程中需要做的主要事情有(　　)。
A. 清楚各职位的描述信息
B. 判断被考核者的绩效是否满足绩效考核要求
C. 制订绩效计划
D. 持续的绩效沟通
E. 对工作表现的记录

11. 绩效反馈面谈的主要目的有(　　)。
A. 对被考核者的表现达成双方一致的看法
B. 使员工认识到自己的成就和优点
C. 指出员工有待改进的方面
D. 协商下一个绩效周期的目标与绩效标准
E. 对员工做出绩效奖惩

12. 绩效考核结果应用领域包括(　　)。
A. 报酬的分配和调整
B. 职位的变动
C. 员工培训和个人发展计划
D. 绩效计划的建立
E. 员工选拔和培训的有效性的衡量标准

13. 以人力资源部门为核心的绩效沟通主要内容有(　　)。
A. 加强动员宣传
B. 完善绩效计划
C. 做好绩效管理培训工作
D. 监督绩效结果的应用
E. 建立绩效导向的企业文化

14. 部门经理在绩效反馈阶段与员工进行沟通的主要内容有(　　)。
A. 结果反馈
B. 考核申诉
C. 绩效分析
D. 员工激励
E. 行动计划

15. 绩效沟通的技巧有(　　)。
A. 时间、场所的选择
B. 认真倾听员工解释
C. 主管应多提一些开放性的问题，激起员工的兴趣
D. 善于给员工下台阶
E. 以积极的方式结束面谈

16. 关键绩效指标体系包括多个层面的指标，这些层面是指(　　)。
A. 行为层面的指标
B. 企业层面的指标
C. 结果层面的指标
D. 部门层面的指标
E. 个人层面的指标

17. 部门级关键绩效指标的主要来源有(　　)。
A. 行为层面的绩效指标
B. 企业层面的绩效指标
C. 结果层面的绩效指标
D. 部门的职责
E. 个人层面的绩效指标

18. 一般来说，某一员工个人的关键绩效指标是由多层面的 KPI 所构成的，这些层面包括(　　)。
A. 企业层面的 KPI
B. 部门层面的 KPI
C. 个人层面的 KPI
D. 结果层面的 KPI

E. 行为层面的 KPI

19. 平衡计分卡的设计包括(　　)。

A. 财务层面　　B. 顾客层面

C. 内部经营流程层面　　D. 学习和成长层面

E. 战略层面

20. 平衡计分卡设计层面的主要内容有(　　)。

A. 企业层面　　B. 财务层面

C. 客户层面　　D. 内部经营流程层面

E. 学习与成长层面

三、简答题

1. 简述绩效的性质。
2. 简述绩效管理的意义。
3. 简述绩效考核的目的。
4. 简述绩效管理的基本流程。
5. 简述以人力资源部门为核心的绩效沟通的主要内容。
6. 简述绩效沟通的技巧。

四、论述题

1. 试述中小企业绩效管理的主要误区。
2. 试述在绩效计划环节，以部门经理为核心的绩效沟通的主要内容。
3. 试述平衡计分卡设计四个层面的主要内容有哪些？

五、案例分析题

案例一

小王在一家私营公司做基层主管已经有 3 年了。这家公司在以前不是很重视绩效考评，但是依靠自己所拥有的资源，公司的发展很快。去年，公司从外部聘请了一名人力资源总监，至此，公司的绩效考评制度才开始在公司中建立起来，公司中的大多数员工也开始知道了一些有关员工绩效管理的具体要求。

在去年年终考评时，小王的上司要同他谈话，小王很是不安，虽然他对一年来的工作很满意，但是不知道他的上司对此怎么看。小王是一个比较“内向”的人，除了工作上的关系，他不是很经常地和他的上司交往。在谈话中，上司对小王的表现总体上来讲是肯定的，同时，也指出了他在工作中需要改善的地方。小王也同意此看法，他知道自己有一些缺点。整个谈话过程是令人愉快的，离开他上司办公室时小王感觉不错。但是，当小王拿到上司给他的年终考评书面报告时，小王感到非常震惊，并且难以置信，书面报告中写了他很多问题、缺点等负面的东西，而他的成绩和优点等只有一点点。小王觉得这样的结果好像有点“不可理喻”。小王从公司公布的“绩效考评规则”上知道，书面考评报告是要长期存档的，这对小王今后在公司的工作影响很大。小王感到很不安和苦恼。

请您结合本案例回答下列问题：

1. 员工的工作绩效指的是什么，绩效的性质包括哪些方面？

2. 绩效面谈在绩效管理中有什么样的作用？

3. 经过绩效面谈后，小王感到不安和苦恼，导致这样的结果其原因何在？怎样做才能克服这种问题的产生？

案例二

周某到AD公司做人力资源总监已经有一个月了，他惊讶地发现公司竟然没有对员工的绩效正式评价过。AD公司是一家小型商业公司，这几年发展非常迅速，已经由最初的十几人发展到现在的150多人。公司老总王某认为，有些事情如降低成本、提高销售额更为重要，加之业务繁忙，没有时间制定正式的绩效考评制度。以前由王某兼任人力资源部的工作，也采取了一些措施弥补不足，他会不定期地对工作业绩好的员工提出表扬，并予以物质奖励；也对态度不积极的员工提出批评。一旦员工的销售业绩连续下滑，他就会找员工谈心，查找问题，弥补不足，鼓励员工积极进取。

现在公司规模扩大了许多，除了销售人员的数量增加外，管理人员的数量也开始增加，但员工的流失率一直居高不下，王某不得不考虑建立绩效考评的正式制度，以及对管理人员进行考评等问题。聘请了周某后，他希望周某能制定好的政策。

周某考虑很久之后，告知老总想采用制定平衡计分卡的方法来进行绩效考核。

请回答下列问题：

1. 什么是平衡计分卡，它的核心思想是什么？

2. 阐述平衡计分卡的设计包含哪些层面。

案例三

北方机械公司随着市场的变化在2013年初决定调整公司的发展战略。公司根据这个思路对财务以及内部的管理效率、经营效率进行调整，并提出发展目标和调整发展方式。公司对企业管理人员也作了明确的关键绩效指标体系说明。

请回答下列问题：

1. 如果北方机械公司采用企业级关键绩效指标体系，他们应如何完成这次战略规划？

2. 选择评价指标的基本原则有哪些？

参考答案

一、单项选择题

1. B	2. A	3. D	4. D	5. C
6. A	7. A	8. D	9. C	10. A
11. B	12. D	13. C	14. D	15. B
16. C	17. D	18. A	19. D	20. B

二、多项选择题

1. ABDE	2. BCD	3. BDE	4. BCD	5. ACE
6. BCDE	7. ABCDE	8. ADE	9. BC	10. DE
11. ABCD	12. ABCE	13. ACE	4. ABCDE	15. ABCDE
16. BDE	17. BD	18. ABC	19. ABCD	20. BCDE

三、简答题

1. 绩效的性质包括三个方面：

(1) 绩效的多因性，包括内因和外因。

(2) 绩效的多维性，即绩效是从多方面来考核员工的，只是依据考核员工的工作性质不同，侧重点不同而已。

(3) 绩效的动态性，员工绩效不是一成不变的，考核员工的表现要注重长期性和持久性。

2. 绩效管理的意义：

(1) 绩效管理的核心目的是通过提高员工的绩效水平来提高组织或者团队的绩效。

(2) 绩效管理提供了一个规范而简洁的沟通平台。

(3) 绩效管理为企业的人力资源管理与开发提供了必要的依据。

3. 绩效考核的目的：

(1) 明确每个被评价主体的任务与目标。

(2) 通过一系列的支持、督导，确保任务的完成。

(3) 对任务、目标完成情况进行客观评价。

(4) 提高被考核主体的任务完成能力。

4. 绩效管理的基本流程：

(1) 绩效管理的基础工作是要有清晰的职位描述信息。

(2) 绩效指标的设定。

(3) 绩效计划。

(4) 绩效实施与管理。

(5) 绩效考核。

(6) 绩效反馈面谈。

(7) 绩效考核结果应用。

5. 以人力资源部门为核心的绩效沟通的主要内容有：

这个阶段主要通过沟通解决员工对绩效管理重要性的认识和考核意愿的问题，使企业全体成员从心理上接受它。

(1) 加强动员宣传。

(2) 做好培训工作。

(3) 建立绩效导向的企业文化。

6. 绩效沟通的技巧主要有：

（1）时间、场所的选择。

（2）认真倾听员工解释。

（3）为了员工更多地表达对绩效的看法，主管应多提一些开放性的问题，激起员工的兴趣，排除戒备心理，慢慢调动员工的主动性。

（4）善于给员工下台阶。

（5）以积极的方式结束面谈。

四、论述题

1. 中小企业绩效管理的主要误区有：

（1）绩效管理不是为了奖勤罚懒。很多企业认为绩效管理就是奖勤罚懒，激励和约束员工。因此，大部分中小企业都把重点放在了绩效考核上，认为绩效考核就是绩效管理，把员工的收入和他们的工作业绩挂钩，从而激励员工更加努力地工作。实际上，绩效管理的真正目的是通过不断提高管理水平和员工素质，从而提高公司的整体业绩，以实现公司的战略目标和经营目标。

（2）绩效管理不只是人力资源管理者的事。由于对绩效管理的目的和作用缺乏正确的认识，导致包括人力资源管理者在内的很多管理者，都认为绩效管理是人力资源部门的职责。提高下属的能力、素质及工作业绩，是各级主管责无旁贷的责任。不断提升自己，是包括各级管理者在内的每一位员工都应该做的工作。

（3）绩效管理应由外向内并向前。很多企业绩效管理的眼光都是向内的、向下的、面向过去的，从而导致一些公司对外部经营环境的变化反应很慢，管理水平的提升总是滞后于公司发展，要么被竞争对手甩在后面，要么因发展过快而出轨。绩效管理的出发点，是通过设立绩效目标和考核指标，来传递战略信息，指明努力方向，使员工的能力和行为更加趋向公司整体竞争实力的提升，适应公司的战略发展需要。

（4）绩效指标不是越全越好。很多企业在设置绩效指标时，认为越全面、越系统越好，这样可以对各级管理者和员工进行全面考察、激励和监督。指标设置过多，除了会增加考核的工作量，过多牵涉各级管理者的精力、降低管理效率以外，还有一个更加严重的副作用，那就是模糊焦点。

（5）绩效指标不一定量化。追求指标的数字量化，导致那些无法用数字量化，却可以通过定性评价或者模糊评价的关键指标被放弃了。

2. 以部门经理为核心的绩效沟通的主要内容：

（1）要把企业的战略规划和发展目标清晰地传达给员工，将企业经营目标转换为绩效指标。

（2）部门经理将部门绩效目标进行分解，通过目标本身的沟通让员工明确和认同自己的工作目标和绩效指标，使下属明白自己该干什么。

（3）要针对实现目标所需要采取的方法和措施进行沟通，以避免员工因采取的方法和措施不当，而导致出现浪费资源、目标不能实现的情形。

（4）解决实现目标所需的资源支持问题，为顺利完成目标计划做充分的资源准备。

3. 平衡计分卡四个层面的主要内容有：

（1）财务层面。财务业绩指标可以显示企业的战略及其实施和执行是否对改善企业盈利做出贡献。

（2）客户层面。在平衡记分卡的客户层面，管理者确立了其业务单位将竞争的客户和市场，以及业务单位在这些目标客户和市场中的衡量指标。

（3）内部经营流程层面。在这一层面上，管理者要确认组织必须擅长的关键的内部流程，这些流程帮助业务单位提供价值主张，以吸引和留住目标细分市场的客户，并满足股东对卓越财务回报的期望。

（4）学习与成长层面。它确立了企业要创造长期的成长和改善就必须建立的基础框架，确立了目前和未来成功的关键因素。

五、案例分析题

案例一

1. 员工的工作绩效，是指员工在工作岗位上的工作行为表现和工作结果，它体现了员工对组织的贡献大小、价值大小。对组织而言，绩效就是任务在数量、质量及效率等方面完成的情况；对员工个人来说，则是上级和同事对自己工作状况的评价。因此，绩效管理中绩效考核指标的设定是以结果指标为根本出发点的，兼顾行为指标和个体特征指标，而各自指标数的多少取决于岗位特征和工作性质。

绩效的性质包括三个方面：

（1）绩效的多因性，包括内因和外因。

（2）绩效的多维性，即绩效是从多方面来考核员工的，只是依据考核员工的工作性质不同，侧重点不同而已。

（3）绩效的动态性，员工绩效不是一成不变的，考核员工的表现要注重长期性和持久性。

2. 员工绩效面谈的作用：

（1）使考评者与被考评者对绩效管理有更加全面深入的认识，通过绩效面谈，使考评者对绩效管理的目标、考评方法、程序有进一步的认识，有利于下一轮绩效考评工作的开展。

（2）将员工绩效考评的情况反馈给员工。考评者要将员工绩效的真实信息反馈给员工本人，对员工的成绩、优点进行表扬，同时要指出员工的问题、缺点，使之改正。

（3）依据考评结果制订绩效改进计划。制订绩效改进计划是考评者与被考评者共同的事情，考评者要给予被考评者一定的指导。

3. 从表面上看，是“绩效面谈”使得小王感到苦恼和不安。实际上，产生这种问题的原因可能有下列几种情况：

（1）公司的绩效考评系统：公司上下对绩效管理的目的不清。

（2）小王的上司对小王有偏见。

（3）小王的上司没有很好的绩效面谈技巧，不敢对小王谈论问题与缺点。

提出解决问题的对策：

（1）考评前绩效目标制定要明确、客观、量化。

（2）考评过程中要公正、公开、公平，考评者要注意员工绩效信息的收集。

（3）考评结束后要注意考评结果的反馈，考评者与被考评者要就考评的最后结果达成一致，共同制订员工的绩效改进计划。

案例二

1. 平衡计分卡（BSC）就是根据企业组织的战略要求而精心设计的指标体系。用其创始人的话来说，"平衡计分卡是一种绩效管理的工具。它将企业战略目标逐层分解转化为各种具体的、相互平衡的绩效考核指标体系，并对这些指标的实现状况进行不同时段的考核，从而为企业战略目标的完成建立起可靠的执行基础"。

平衡计分卡的核心思想就是通过财务、客户、内部流程及学习与发展四个方面的指标之间的相互驱动的因果关系展现组织的战略轨迹，实现绩效考核——绩效改进，以及战略实施——战略修正的战略目标过程。它把绩效考核的地位上升到组织的战略层面，使之成为组织战略的实施工具。

2. 平衡记分卡的设计包括以下四个方面。这几个角度代表企业三个主要的利益相关者：股东、顾客、员工。每个角度的重要性取决于角度的本身和指标的选择是否与公司战略相一致。

（1）财务层面。财务业绩指标可以显示企业的战略及其实施和执行是否对改善企业盈利做出贡献。

（2）客户层面。在平衡记分卡的客户层面，管理者确立了其业务单位将竞争的客户和市场，以及业务单位在这些目标客户和市场中的衡量指标。

（3）内部经营流程层面。在这一层面上，管理者要确认组织必须擅长的关键的内部流程，以吸引和留住目标细分市场的客户，并满足股东对卓越财务回报的期望。

（4）学习与成长层面。它确立了企业要创造长期的成长和改善就必须建立的基础框架，确立了目前和未来成功的关键因素。

案例三

1. 应完成的战略规划如下：

（1）明确企业战略和战略目标。可以利用 SWOT 分析法对公司所处的环境进行分析，发现其优势和劣势。从宏观经济形势来看，分析国内供求、市场潜力和机遇。但同时也要注意主要竞争对手存在潜在的威胁，战略或决策失误会失去已有的市场份额。

（2）确定关键绩效领域。分析企业生命周期处于何阶段，找出其关键的绩效领域。

（3）设计企业级关键绩效指标。对企业的关键成功因素进行分析，得到企业的关键绩效指标。①确定关键成功要素维度。通过访谈和头脑风暴法等，寻找并确定公司能够有效驱动战略目标的关键绩效范围。②确定关键绩效要素。在确定了企业级的 KPI 后，对多数部门和员工来说，企业级的 KPI 还只是一个战略层次的目标，无法直接落实到其日常工作中，这就要求必须对企业级 KPI 进行细化，分解为部门的和个人的 KPI，来指导其日常工作，只有这样才能确保部门和员工的工作与组织战略保持一致，避免发生战略稀释现象。

2. 选择评价指标的基本原则如下：

（1）指标的重要性。企业、部门和员工根据企业战略目标与年度工作计划，在不同的评价周期内会有不同的工作重点，因此，各个层面的评价指标的选择必须紧紧围绕工作重点来进行，这样才能保证企业战略目标和年度工作计划的实现。

（2）指标之间的支撑作用。通过上述 KPI 分解过程可以看出，从企业 KPI 到部门 KPI、员工 KPI 的过程，实际上是一个层层分解的过程，因此，在选择较低层面的评价指标时，必须首先考虑其是否对上一级评价指标具有支撑作用。

第8章 薪酬管理

考核内容

企业薪酬管理体系的框架；全面薪酬；以职位、技能或能力、绩效为基础的薪酬体系；薪酬结构设计的内容与方法；企业战略与薪酬战略；员工福利的内容与作用。

一、薪酬管理体系

（一）薪酬管理

薪酬是员工因向所在组织提供劳务而获得的各种形式的酬劳。狭义的薪酬是指货币和可以转化为货币的报酬。广义的薪酬除了包括狭义的薪酬以外，还包括获得的各种非货币形式的满足。

薪酬管理是在组织发展战略指导下，对员工薪酬支付原则、薪酬策略、薪酬水平、薪酬结构、薪酬构成等进行确定、分配和调整的动态管理过程。

薪酬的功能：员工方面和企业方面。

（二）企业薪酬管理体系框架

企业薪酬体系一般从三个维度来衡量：薪酬总额、薪酬决定标准和薪酬结构。

一个有效的薪酬机制应具备的特征：对内公正性、对外竞争性、个人激励性、易于管理性。

（三）薪酬总额的确定

一般来说，主要依据企业的支付能力、员工的基本生活费用及一般的市场行情等因素来计算薪酬总额。

（四）全面薪酬理念

全面薪酬将公司支付给员工的薪酬分为“外在”和“内在”两大类。“外在”薪酬激励主要是指为受聘者提供的可量化的货币性价值；“内在”薪酬激励则是指那些给员工提供的不能以量化的货币形式表现的各种奖励价值。

二、薪酬体系设计

（一）以职位为基础的薪酬体系

职位薪酬体系是企业通过对岗位工作的职责大小、劳动复杂程度、任职资格条件等因素的测评，按岗位工作的相对价值的高低来决定员工工资水平的一种薪酬制度。

职位薪酬体系的建立步骤：职位分析、职位评价、薪资调查、薪资定位、薪资结构设计、薪资体系的实施和修正。

（二）以技能或能力为基础的薪酬体系

技能薪酬是一种建立在对员工技能进行评估基础上的薪酬制度。

实施技能工资制的条件：健全的技能评价体系；扁平化的组织结构；工作结构性较高、专业性较强；高度的员工参与；完备的培训机制。

（三）以绩效为基础的薪酬体系

绩效薪酬是指将员工的薪酬与其工作绩效相联系，以工作绩效作为员工报酬的基础。

员工绩效有个人绩效与团队绩效之分，相应的绩效薪酬也有个人绩效薪酬与集体绩效薪酬两种模式。

绩效薪酬设计包括绩效薪酬的支付形式、关注对象、配置比例、绩效等级和分配方式，以及绩效薪酬增长方式等。

三、薪酬结构设计

（一）薪酬水平的确定

薪酬水平是指企业中各职位、部门以及整个企业的薪酬高低程度。薪酬水平一般用薪酬平均率、增薪幅度和平均增薪率三个指标进行衡量。

薪酬调查就是应用各种正常的手段，来获取相关企业各职务的薪酬水平及相关信息，然后对调查的数据进行统计和分析，在此基础上，结合自己公司人力资源战略和经营业绩，确定公司薪酬水平的市场定位过程。

薪酬水平决策的类型可以分为领先型、追随型、滞后型和混合型四种。

（二）薪酬结构的确定

薪酬结构是对同一组织内部的不同职位或者人员之间的薪酬所作的安排，它强调的是职位或者技能等级的数量、不同等级之间的薪酬差距以及用来确定这种差距的标准是什么。

薪酬结构的构成要素有薪酬等级、薪酬区间和相邻两个薪酬等级之间的交叉与重叠关系。

四、战略性薪酬体系

（一）不同发展阶段的薪酬战略

不同发展阶段的薪酬战略包括企业处于初创期、快速成长期、成熟稳定期、衰退期等不同阶段的薪酬战略模式。

（二）企业经营战略与薪酬战略

企业经营战略与薪酬战略包括成本领袖型薪酬战略、创新型薪酬战略、差异型薪酬战略。

重点和难点

本章应掌握的主要知识点：（1）企业薪酬管理体系的框架内容；（2）全面薪酬理念；（3）薪酬制度设计步骤；（4）薪酬水平的确定；（5）薪酬结构设计内容与方法；（6）不同发展阶段的薪酬战略；（7）企业经营战略与薪酬战略。

同步综合练习题

一、单项选择题

1. 下列不属于直接经济性薪酬的是(　　)。
A. 保健计划　　B. 奖金
C. 津贴与补贴　　D. 股权

2. 下列不属于间接经济性薪酬的是(　　)。
A. 保健计划　　B. 住房资助
C. 员工服务　　D. 股权

3. 薪酬对员工来说，不包括以下哪项功能(　　)。
A. 经济保障功能　　B. 控制经营成本
C. 心理激励功能　　D. 社会信息功能

4. 在企业长期生产经营活动中自觉形成的，为广大员工所自觉恪守的经营宗旨、价值观念和道德行为准则的综合反映，指的是(　　)。
A. 企业章程　　B. 企业理念
C. 企业文化　　D. 企业宗旨

5. 保证支付给员工的薪酬在公司内部准确地反映了员工之间的相对劳动价值差别，是指薪酬体系设计时应具备(　　)。
A. 对内公正性　　B. 对外竞争性
C. 个人激励性　　D. 易于管理性

6. 要求薪酬应具有市场竞争能力，能够吸引和留住公司发展所需要的人才，是指薪酬体系设计时应具备(　　)。
A. 对内公正性　　B. 对外竞争性
C. 个人激励性　　D. 易于管理性

7. 通过绩效评估，对员工个人的技能和业绩表现进行科学评价，并与薪酬紧密挂钩，以激发员工的进取心，是指薪酬体系设计时应具备(　　)。
A. 对内公正性　　B. 对外竞争性
C. 个人激励性　　D. 易于管理性

8. 薪酬绩效考核指标应简单明了，薪酬等级要宽泛，薪酬要素应符合公司经营战略发展的需要，是指薪酬体系设计时应具备(　　)。
A. 对内公正性　　B. 对外竞争性
C. 个人激励性　　D. 易于管理性

9. 企业通过对岗位工作的职责大小、劳动复杂程度、任职资格条件等因素的测评，按岗位工作的相对价值的高低来决定员工工资水平的一种薪酬制度，称为(　　)。
A. 技能薪酬体系　　B. 职位薪酬体系
C. 绩效薪酬体系　　D. 能力薪酬体系

10. 职位薪酬体系的优点有(　　)。
A. 注重员工能力的提升　　B. 增强企业的灵活性

C. 有利于留住专业技术人员　　D. 同岗同酬，内部公平性较强

11. 一种建立在对员工技能进行评估基础上的薪酬制度称为(　　)。

A. 技能薪酬体系　　B. 职位薪酬体系
C. 绩效薪酬体系　　D. 能力薪酬体系

12. 下列不属于技能薪酬体系优点的是(　　)。

A. 注重员工能力的提升　　B. 增强企业的灵活性
C. 有利于留住专业技术人员　　D. 同岗同酬，内部公平性较强

13. 将员工的薪酬与其工作绩效联系，以工作绩效作为员工报酬基础的薪酬制度称为(　　)。

A. 技能薪酬体系　　B. 职位薪酬体系
C. 绩效薪酬体系　　D. 能力薪酬体系

14. 下列不属于个人绩效薪酬典型形式的是(　　)。

A. 计划奖励　　B. 绩效认可
C. 业绩提薪　　D. 奖金计划

15. 在设计任何绩效薪酬时都必须做出的关键决策是(　　)。

A. 绩效计划　　B. 绩效认可
C. 绩效沟通　　D. 绩效结果运用

16. 对企业中各职位、部门以及整个企业的薪酬高低程度的反映是(　　)。

A. 薪酬水平　　B. 薪酬结构
C. 薪酬标准　　D. 薪酬总额

17. 应用各种正常的手段，来获取相关企业各职务的薪酬水平及相关信息，然后对调查的数据进行统计和分析，最后确定公司薪酬水平的市场定位过程，称为(　　)。

A. 市场薪酬　　B. 薪酬结构设计
C. 薪酬区间　　D. 薪酬调查

18. 将本企业某些职位或人员的薪酬水平定位在高于市场平均水平之上的薪酬水平策略，称为(　　)。

A. 领先型　　B. 混合型
C. 追随型　　D. 滞后型

19. 将本企业薪酬水平定位在等于或接近市场平均水平的一种薪酬策略，称为(　　)。

A. 领先型　　B. 混合型
C. 追随型　　D. 滞后型

20. 按照低于市场水平或竞争对手水平的标准进行本企业薪酬定位的一种薪酬策略，称为(　　)。

A. 领先型　　B. 混合型
C. 追随型　　D. 滞后型

21. 企业根据不同的职位类别或员工类别分别制定不同的薪酬策略，或者根据不同的薪酬内容制定不同薪酬水平的薪酬策略，称为(　　)。

A. 领先型　　B. 混合型
C. 追随型　　D. 滞后型

22. 将在同一个组织中，薪酬标准由于职位或技能等级的不同而形成的一种序列关系或梯次结构的形式，称为(　　)。

A. 薪酬等级　　B. 薪酬区间
C. 薪酬幅度　　D. 薪酬级差

23. 将在同一个薪酬等级中，薪酬最高值与最低值之间形成的该等级薪酬变动的范围，称为(　　)。

A. 薪酬等级　　B. 薪酬区间
C. 薪酬幅度　　D. 薪酬级差

24. 假定薪酬等级的区间中值级差越大，同一薪酬区间的变动幅度越小，则薪酬区间的重叠区域就(　　)。

A. 越大　　B. 不变
C. 越小　　D. 不能确定

二、多项选择题

1. 下列属于非经济性薪酬范畴的有(　　)。

A. 良好的办公环境　　B. 融洽的人际关系
C. 发展机会　　D. 培训
E. 上司的赞赏与认可

2. 薪酬对员工来说，具有的功能主要包括(　　)。

A. 经济保障功能　　B. 改善经营绩效功能
C. 心理激励功能　　D. 支持企业变革
E. 社会信息功能

3. 薪酬对企业来说，具有的功能主要包括(　　)。

A. 经济保障功能　　B. 控制经营成本
C. 改善经营绩效　　D. 支持企业变革
E. 塑造和强化企业文化

4. 企业薪酬体系的衡量维度主要有(　　)。

A. 薪酬文化的塑造　　B. 薪酬总额预算
C. 薪酬体系确定　　D. 薪酬结构设计
E. 薪酬等级的确定

5. 一个企业的薪酬体系要适应企业的战略发展，满足员工的物质利益追求，应具备以下几个方面的特征(　　)。

A. 对内公正性　　B. 对外竞争性
C. 个人激励性　　D. 易于管理性
E. 结构合理性

6. 企业薪酬总额确定的主要依据有(　　)。

A. 企业的支付能力　　B. 员工的薪酬水平
C. 员工的基本生活费用　　D. 一般的市场行情
E. 企业的薪酬文化

7. 一般来说，员工基本生活支出衡量的指标主要依据(　　)。
A. 企业的支付能力
B. 消费品物价指数
C. 货币购买力
D. 一般的市场行情
E. 基本生活消费品项目

8. 一般来说，企业实施技能薪酬体系的条件主要包括(　　)。
A. 健全的技能评价体系
B. 扁平化的组织结构
C. 高度的员工参与
D. 完备的培训机制
E. 工作结构性较高、专业性较强

9. 企业实施技能薪酬体系的主要优点包括(　　)。
A. 注重员工能力的提升
B. 增强企业的灵活性
C. 有利于留住专业技术人员
D. 同岗同酬，内部公平性较强
E. 有利于专业性较强的工作

10. 企业实施绩效薪酬体系的主要缺点包括(　　)。
A. 在绩效标准不公平的情况下，很难做到科学并准确
B. 过分强调个人绩效回报，对企业的团队合作精神产生不利影响
C. 刺激高绩效员工与实际收入相背离的现象
D. 破坏心理契约，诱发多种矛盾
E. 高技能员工未必有高产出

11. 薪酬水平的衡量指标主要有(　　)。
A. 薪酬平均率
B. 薪酬总额水平
C. 增薪幅度
D. 薪酬区间
E. 平均增薪率

12. 目前比较通用的薪酬调查的渠道主要有(　　)。
A. 员工之间互相交流
B. 利用当地政府部门信息
C. 企业之间开展相互调查
D. 委托专业机构进行调查
E. 查询社会公开信息

13. 按照与市场平均薪酬水平的关系，可以将薪酬水平决策分为(　　)。
A. 领先型
B. 相关型
C. 追随型
D. 滞后型
E. 混合型

14. 薪酬结构的构成要素包括(　　)。
A. 薪酬等级
B. 薪酬区间
C. 薪酬水平
D. 薪酬幅度
E. 相邻两个薪酬等级之间的交叉与重叠关系

15. 薪酬的组成部分包括直接薪酬与间接薪酬，其中直接薪酬包括(　　)。
A. 福利
B. 退休规划
C. 奖励薪酬
D. 基本薪酬
E. 附加薪酬

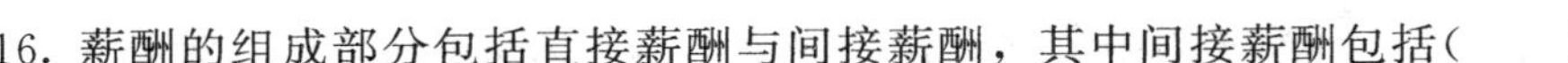

16. 薪酬的组成部分包括直接薪酬与间接薪酬，其中间接薪酬包括（　　）。

A. 福利　　B. 退休规划　　C. 附加薪酬

D. 晋升和发展机遇　　E. 工作生活质量

三、简答题

1. 简述企业薪酬的功能。
2. 企业在建立绩效薪酬体系的过程中，除了要进行绩效认可外，还应达到哪些要求？
3. 简述绩效薪酬的缺点。
4. 简述成本领袖型薪酬战略的主要特点。
5. 简述创新型薪酬战略的主要特点。
6. 简述福利与基本薪酬的区分点。

四、论述题

1. 试述一个有效的薪酬机制应具备的基本特征。
2. 试述员工内在薪酬激励的基本内容。
3. 试述职位薪酬体系建立的基本步骤。
4. 试述实行职位薪酬体系的优缺点。
5. 试述绩效薪酬体系设计的主要内容。
6. 试述薪酬水平决策四种类型的特点。

五、案例分析题

案例一

北方电信公司为了改进技术服务质量，提高客户满意度，1987 年在客户服务部门内部对工程师和技术人员实行了技能工资制。

根据对技术人员和工程师的调查，公司总结出他们工作中所运用的硬件、软件、客户数据库、文件存档、网络接触面、书面交流、人际交往等七个方面的技能，每个方面根据其运用到的具体技术划分为四个等级。同时，组织专家对技术人员和工程师具有的技能种类和每种技能的等级进行评定，确定每位员工的底薪。以后，员工每提高一级技能或获得一项新的技能在得到评定委员会的认可后，就可获得相应的加薪。实行技能工资制以后掌握的技能与工资直接挂钩，所以员工们对培训的需求大大增加。

请回答下列问题：

企业实施技能薪酬体系的特点是什么？

案例二

可口可乐公司进入中国内地后，为了有效发挥薪酬的激励功能，其薪酬制度随着外界环境和公司战略的变化而不断变化。在 20 世纪 80 年代初，中国刚开始改革开放，人们生活水平较低。可口可乐中国公司针对当时中国物质不丰富、员工收入水平低的状况，采用高薪政策以吸引和激励人才。当时可口可乐公司的薪酬结构由基本工资、奖金、津贴和福利构成。公司提供给员工的基本工资是当时国内饮料行业的两至三倍（尽管可口可乐中国公司在中国内地处于初创期，但是母公司资本雄厚，不存在流动资金紧张的情况，因而薪酬中基本工资部分很高)。薪酬政策同时强调内部均衡，管理人员和工人的工资差距较小，薪酬具有很强的平均色彩。奖金是公司根据员工绩效，经考核后，在月底和年底向员工发放。

由于采取极具竞争力的高薪政策，可口可乐公司在当时吸引了中国大批人才加盟其中，并且员工的离职率很低，有力地促进了公司战略目标的实现。

请总结可口可乐公司在初创阶段的薪酬战略。

案例三

当处于快速成长时期，为了增强对人才资源竞争优势，可口可乐中国公司于1995年根据劳动力市场薪酬调查报告，做出每年给员工多发三个半月的基本工资的决定，以提高工资总量，保持公司总体薪酬水平处于美商在华企业平均薪酬的四分之三水平上。在福利方面，除了按政府的规定为员工支付基本养老金、住房公积金、失业保证金，并根据公司情况增加补充养老保险金，以及向员工提供普通团体意外险和住房贷款计划等。另外在强化佣金、奖金等短期激励措施的同时，开始注重采用股票期权等长期激励手段。这样通过改变后的薪酬制度对外更具竞争力，对内更具激励性和导向性。

请结合可口可乐公司情况，总结处于快速成长期薪酬战略的主要特点。

参考答案

一、单项选择题

1. A	2. D	3. B	4. C	5. A
6. B	7. C	8. D	9. B	10. D
11. A	12. D	13. C	14. B	15. B
16. A	17. D	18. A	19. C	20. D
21. B	22. A	23. B	24. C	

二、多项选择题

1. ABCDE	2. ACE	3. BCD	4. BCD	5. ABCD
6. ACD	7. BCE	8. ABCDE	9. ABC	10. ABCD
11. ACE	12. CDE	13. ACDE	14. ABE	15. CDE
16. ABDE				

三、简答题

1. 企业薪酬的功能包括两方面。

员工方面：

(1) 经济保障功能。

(2) 心理激励功能。

(3) 社会信息功能。

企业方面：

(1) 控制经营成本。

(2) 改善经营绩效。

(3) 塑造和强化企业文化。

(4) 支持企业变革。

2. 企业在建立绩效薪酬体系的过程中，除了要进行绩效认可外，还应达到：

(1) 员工的工作绩效是可以度量的；

(2) 员工之间的绩效差别是可以区分的；

(3) 可以体会到绩效差别和薪酬差别之间的关系；

(4) 业绩薪酬增长的前景将激励提高绩效行为的改变；

(5) 个人和组织绩效之间存在可以建立的联系。

3. 绩效薪酬的缺点：

(1) 在绩效标准不公平的情况下，很难做到科学、准确。

(2) 过分强调个人绩效回报，对企业的团队合作精神产生不利影响。

(3) 刺激高绩效员工与实际收入相背离的现象，难以确定提高绩效所需要的薪酬水平。

(4) 破坏心理契约，诱发多种矛盾。

4. 成本领袖型薪酬战略的主要特点：

(1) 在低成本战略背景下，企业在薪酬总额方面，尽可能降低薪酬总额支出，强调员工工作岗位的稳定性。

(2) 在薪酬水平方面，加强薪酬的市场调查，关注竞争对手的薪酬支付状况。

(3) 在薪酬构成方面，提高浮动薪酬或奖金在薪酬构成中的比重。

(4) 在薪酬体系方面，建立与产品成本相关的可变薪酬制度，鼓励员工降低成本，提高生产效率。

5. 创新型薪酬战略的主要特点：

(1) 创新型战略是以产品的创新以及产品生命周期的缩短为导向的一种竞争战略。创新型战略取得成功的关键因素是企业的新产品开发能力和技术创新能力，以及培育成熟的项目开发团队、产品设计团队和服务团队。

(2) 企业的薪酬体系应十分重视对于产品创新和新的生产方法以及技术创新给予足够的报酬或奖励，鼓励员工的创新精神。

(3) 对于勇于创新、敢于创新的员工提供资金和环境支持，增强工作方面的灵活性。

6. 福利与基本薪酬相比，具有以下两个方面的重要特征：

(1) 基本薪酬采取的往往是货币支付和现期支付的方式，而福利则通常采取实物支付或者延期支付的方式。

(2) 基本薪酬在企业的成本项目中属于可变成本，而福利，无论是实物支付还是延期支付，通常都有类似固定成本的特点，因为福利与员工的工作时间之间并没有直接的关系。

正是福利在上述两个方面的重要特征，决定了福利作为企业全面薪酬的一个重要组成部分，在企业的薪酬体系中发挥着独特的作用。

四、论述题

1. 一个有效的薪酬机制应具备的基本特征：

（1）对内公正性，指支付给员工的薪酬在公司内部要准确地反映员工之间的相对劳动价值差别。

（2）对外竞争性，就是薪酬应具有市场竞争能力，能够吸引和留住公司发展需要的人才。主要从薪酬水平与劳动力市场价位接轨和明确薪酬水平定位策略两方面入手。

（3）个人激励性，通过绩效评估，对个人的技能和业绩表现进行科学评价，并与薪酬紧密挂钩，激发员工的进取心。

（4）易于管理性，即薪酬绩效考核指标应简单明了，薪酬等级要宽泛，薪酬要素应符合公司经营战略发展的需要。

2. 员工内在薪酬激励的基本内容：

（1）认可和赞赏。一个组织各个层次上的员工都需要感到自己所做的工作是被组织看重的，被视为有价值的，能够获得工作的成就感。而使员工有这种感觉的并不仅仅是与绩效挂钩的个人加薪或者奖励等，能够达到类似效果、成本更低并且可以经常给予的则是上级提供的及时、具体、真诚的认可和赞赏。

（2）工作和生活的平衡。企业必须在灵活的工作安排以及为员工提供便利的各种计划等方面进行大量的投入。前者包括弹性工作时间安排、远程工作、非全日制工作、更短的日工作时间或周工作天数等；后者包括儿童看护、老人看护、锻炼和保健、洗车、购物等各种服务。

（3）良好的组织文化。良好的组织文化一旦形成，它不仅能够自动将那些与公司的价值观不相符合的人筛选出去，而且能够在没有规则的时候成为指导员工采取何种行动的一种事实上的程序手册。

（4）个人发展机会。个人发展机会包括学习机会、得到指导和培训的机会、职位发展机会以及参与决策的机会等很多方面的内容。

（5）工作环境。员工需要在一个令人满意的环境中工作，工作环境涉及职位本身、工作地点以及公司三个方面的因素。

3. 职位薪酬体系建立的基本步骤：

（1）职位分析。结合公司经营目标，公司管理层要在业务分析和人员分析的基础上，明确部门职能和职位关系，人力资源部和各部门主管合作编写职位说明书。

（2）职位评价。比较企业内部各个职位的相对重要性，得出职位等级序列。

（3）薪资调查。薪资调查的对象，最好是选择与自己有竞争关系的公司或同行业类似公司，重点考虑员工的流失去向和招聘来源。

（4）薪资定位。在分析同行业的薪资数据后，需要做的是根据企业状况选用不同的薪资水平。

（5）薪资结构设计。要综合考虑三个方面的因素：一是其职位等级，二是个人的技能和资历，三是个人绩效。

（6）薪资体系的实施和修正。在确定薪资调整比例时，要对总体薪资水平做出准确的预算。

4. 职位薪酬体系的优点在于：

（1）与传统按资历和行政级别的付酬模式相比，真正实现了同岗同酬，内部公平性比较强。

（2）职位晋升，薪酬也晋级，调动员工努力工作以争取晋升机会的积极性。

职位薪酬体系的缺点在于：

（1）如果一个员工长期得不到晋升，尽管岗位工作越来越出色，但其收入水平很难有较大的提高，也就影响了其工作的积极性。

（2）由于岗位导向的薪酬制度更看重内部岗位价值的公平性，在从市场上选聘比较稀缺的人才时，很可能由于企业内部的薪酬体系的内向性而满足不了稀缺人才的薪酬要求，也就吸引不来急需的专业人才和管理人才。

5. 绩效薪酬体系设计的主要内容：

（1）绩效薪酬的支付形式，表现为企业以怎样的薪酬支付来建立与绩效的联系，这种联系有很多种，而且不同的企业差别很大；依据不同的支付形式企业提供的绩效薪酬频率各不相同，既可能是每月进行一次支付，也可能是季度或一年进行一次支付。

（2）绩效薪酬关注的对象，指绩效薪酬是关注个人还是关注团队，或在关注团队绩效的基础上注重个人业绩。

（3）绩效薪酬配置比例，即绩效薪酬在不同部门或不同层次岗位中的配置标准。

（4）绩效等级，是依据绩效评估后对员工绩效考核结果划分的等级层次，它既与具体的绩效指标和标准有关，也与企业考核的评价主体和方式有关。

（5）绩效分布，即每一等级内应有多少名员工或有百分之几的员工。

（6）绩效薪酬分配方式，是指绩效薪酬如何在个人或团队中进行分配。

（7）绩效薪酬增长，主要有两种方式，一是增加工资标准；二是一次性业绩奖励。

6. 薪酬水平决策四种类型的特点如下：

（1）领先型。薪酬领先型就是将本企业某些职位或人员的薪酬水平定位在高于市场平均薪酬水平之上，以领先于市场或许多竞争对手薪酬水平的一种策略。

领先型薪酬策略的主要优点是，能够吸引和留住高素质技能人才，降低离职率，提高企业的形象和知名度。但其缺点在于带来了企业劳动力成本的增加和巨大的管理压力。

（2）追随型。薪酬追随型是指企业始终追随市场平均薪酬水平来进行薪酬定位，将本企业薪酬水平定位在等于或接近市场平均薪酬水平的一种策略。

实施追随型薪酬策略的企业力图使本企业的薪酬水平与竞争对手基本保持一致，同时又希望自己能够保留一定的员工吸引力，不至于在劳动力市场上输给竞争对手。

（3）滞后型。薪酬滞后型是指企业按照低于市场薪酬水平或竞争对手水平的标准进行本企业薪酬定位的一种策略。

滞后型薪酬策略不利于企业吸引高素质员工，还会削弱企业吸引和保留潜在员工的能力，但如果采用滞后型薪酬策略的企业能保证员工将来可以得到更高的收入，那么，员工的责任感会提高，团队精神也会增强，从而企业的劳动生产率也会提高。

（4）混合型。薪酬混合型是指企业根据不同的职位类别或员工类别分别制定不同的薪酬策略，或者根据不同的薪酬内容制定不同薪酬水平的一种策略。

混合型薪酬策略最大的特点是具有灵活性和权变性，既有利于企业保持在劳动力市场上的竞争力，又有利于控制企业劳动力成本。

五、案例分析题

案例一

企业实施技能薪酬体系的特点包括两方面。

优点在于：

（1）员工注重能力的提升，容易转换岗位，也增加了发展机会。

（2）不愿意在行政管理岗位上发展的员工可以在专业领域深入下去，同样获得好的待遇，对企业来说留住了专业技术人才。

（3）员工能力的不断提升，使企业能够适应环境的变化，企业的灵活性得到增强。

缺点在于：

（1）做同样的工作，但由于两个人的技能不同而收入不同，容易造成不公平感。

（2）高技能的员工未必有高的产出，即技能工资的假设未必成立，这要看员工是否投入工作。

（3）界定和评价技能不是一件容易做到的事情，管理成本较高。

（4）员工着眼于提高自身技能，可能会忽视组织的整体需要和当前工作目标的完成。

（5）对已达到技能顶端的人才如何进一步的激励。

案例二

（1）薪酬具有很强的外部竞争性。处在初创期的企业，往往急需大批优秀的生产技术人员和销售人员，但由于受外部人力资源条件的限制，要获取所需的优秀人才，通常只能从劳动力市场上招募。由于企业初创，对人才的竞争力从总体上还很弱，因而只能靠较高的薪酬水平来吸引优秀的人才。

（2）淡化内部公平性。企业初创时期，主要业务流程及组织架构尚不稳定，职位职责尚不明确，常常存在一人多职或职责交叉的现象，主导员工的往往是创业热情，而不是名誉和正式的地位。因此企业薪酬设计的重点应放在薪酬的外部竞争性上，而淡化薪酬的内部公平性。

（3）薪酬构成。在初创期，企业流动资金较为紧张，为了减轻企业的财务负担，本阶段的总体薪酬刚性应当小一些，即基本工资和福利所占的比重要小，而绩效奖金所占的比重要大。

案例三

处在这一阶段企业的主要特征是，产品和服务的销售量猛增，市场占有率大幅度提高，企业以及企业的产品和服务具有一定的品牌知名度。为适应企业快速成长，薪酬体系的设计要做到以下几点：

(1) 重视内部公平性。由于企业规模的扩大，企业开始重视规章制度的建设，主要业务流程及组织架构也日趋稳定，企业逐渐进入规范化管理阶段。因此，建立以职位为基础的薪酬体系在客观上成为可能。

(2) 强调薪酬的外部竞争性。在此阶段，一方面新的职位不断出现，另一方面企业对高素质人才的依赖更加明显。企业对优秀人才，特别是对科研、高级管理、市场营销、财务以及金融人才的需求量都大大增加，企业受外部人力资源条件的制约进一步凸现。为了获取优秀人才，特别是高级优秀人才，薪酬的外部竞争性显得格外重要。

(3) 薪酬构成。由于市场销售形势良好，资金流速加快，企业可能出现净资金流入的现象，现金存量较为宽裕。这时，企业一方面开始适当提高基本工资和增加福利；另一方面，由于企业正处于积极扩张状态，鼓励个人贡献，并按个人绩效计发的绩效奖金占很大的比重。

第9章 员工关系管理

考核内容

员工关系管理的概念、内容与目标；员工忠诚度管理；劳动合同的内容与期限；劳动争议处理的基本内容。

一、员工关系概述

(一) 员工关系管理

员工关系管理的主要职责是协调员工与管理者、员工与公司、员工与员工之间的关系，引导建立积极向上的工作环境。

(二) 员工关系管理的目标

(1) 员工关系管理的起点是让员工认同企业的愿景。
(2) 完善激励约束机制是员工关系管理的根本。
(3) 心理契约是员工关系管理的核心部分。
(4) 职能部门负责人和人力资源部门是员工关系管理的首要责任人。

(三) 提升员工关系管理的主要途径

(1) 教育引导员工认同企业愿景及其共同价值观。
(2) 明确各级管理者的责任。
(3) 确保有效的沟通。
(4) 建立全员激励机制。

(四) 员工忠诚度管理

(1) 被迫减薪企业的员工忠诚管理。
(2) 被迫裁员企业的员工忠诚管理。

二、劳动合同管理

(一) 劳动合同的内容

(1) 劳动合同的含义：指劳动者与用人单位确定劳动关系、明确双方权利和义务的协议。

(2) 劳动合同的内容：劳动合同期限、工作内容、劳动保护和劳动条件、劳动报酬、劳动纪律、劳动合同终止条件、违反劳动合同的责任。

(3) 劳动合同的签订、履行、变更与解除。

(二) 劳动合同具体条款解读

(1) 因劳动者拒不签订书面劳动合同发生的争议。
(2) 因签订无固定期限劳动合同发生的争议。
(3) 因工作地点变更发生的争议。
(4) 因劳动者单方解除劳动合同发生的争议。
(5) 因终止劳动合同发生的争议。
(6) 被迫辞职可以得到经济补偿金。

三、劳动争议

（一）企业与员工产生劳动争议的主要表现

（1）忽视劳动合同管理。

（2）企业规章制度不合理、不健全，或者没有依照合理程序制定执行。

（3）人力资源管理人员缺乏预防劳动争议的知识与技能。

（二）有效预防劳动争议的措施

（1）依法加强劳动合同管理，从源头上规范劳动关系。

（2）依法建立和完善企业规章制度，杜绝无章可循的现象。

（3）加强培训，避免有法不知。

（4）合理处置违纪职工，规避法律风险。

（5）借鉴他人经验，利用外部资源，预防劳动争议。

重点和难点

本章应掌握的主要知识点：（1）员工关系管理的重要性；（2）员工关系管理的内容与目标；（3）员工忠诚度管理；（4）劳动合同管理；（5）劳动争议处理的基本内容。

同步综合练习题

一、单项选择题

1. 保证沟通渠道的畅通，引导公司上下及时的沟通，完善员工建议制度，指的是员工关系管理具体内容中的(　　)。

A. 劳动关系管理　　B. 员工纪律管理

C. 沟通管理　　D. 员工绩效管理

2. 员工关系管理的起点是(　　)。

A. 让员工认同企业的愿景　　B. 完善激励约束机制

C. 建立心理契约　　D. 明确职能部门负责人和人力资源部门的职责

3. 员工关系管理的根本是(　　)。

A. 让员工认同企业的愿景　　B. 完善激励约束机制

C. 建立心理契约　　D. 明确职能部门负责人和人力资源部门的职责

4. 员工关系管理的核心部分是(　　)。

A. 让员工认同企业的愿景　　B. 完善激励约束机制

C. 建立心理契约　　D. 明确职能部门负责人和人力资源部门的职责

5. 员工关系管理的首要责任人是(　　)。

A. 高层管理人员　　B. 普通员工

C. 中层管理人员　　D. 职能部门负责人和人力资源部门

6. 管理者认为员工关系管理工作是人力资源部门的事情，导致管理者不了解下属的工作状态，不关心下属的生活问题。这属于中小企业员工关系管理中出现的(　　)问题。

A. 不重视员工关系管理　　B. 没有成形的企业文化

C. 沟通意识不强　　D. 缺乏激励机制

7. 劳动者和用人单位确立劳动关系、明确双方权利和义务的协议，称为(　　)。

A. 劳动关系　　B. 雇佣合同

C. 雇佣关系　　D. 劳动合同

8. 劳动合同应以书面形式订立，并包括(　　)。

A. 必备条款　　B. 协商条款

C. 必备条款和协商条款　　D. 其他条款

9. 劳动合同可以约定使用期，并且试用期最长不能超过(　　)。

A. 三个月　　B. 六个月

C. 九个月　　D. 一年

10. 合同当事人双方履行劳动合同所规定的法律义务行为，这一过程被称为(　　)。

A. 劳动合同的订立　　B. 劳动合同的履行

C. 劳动合同的变更　　D. 劳动合同的解除

11. 对劳动合同双方已订立的合同条款达成修改补充协议的法律行为，称为(　　)。

A. 劳动合同的订立　　B. 劳动合同的履行

C. 劳动合同的变更　　D. 劳动合同的解除

12. 当事人双方提前终止劳动合同的法律效力，解除双方的权利和义务关系，这一过程称为(　　)。

A. 劳动合同的订立　　B. 劳动合同的履行
C. 劳动合同的变更　　D. 劳动合同的解除

13. 企业不得提出解除劳动合同的情况是(　　)。

A. 因工伤残，因病或非因工伤残在规定的医疗期限内的
B. 在试用期间，发现员工不符合录用条件的
C. 严重违反劳动纪律或企业、组织的规章制度
D. 给企业或组织造成重大利益损害、依法被追究刑事责任的

14. 企业有权提出解除劳动合同的条件是(　　)。

A. 因工伤残，因病或非因工伤残在规定的医疗期限内的
B. 女工在怀孕、生育和哺乳期的
C. 在试用期间，发现员工不符合录用条件的
D. 员工家庭遇到严重的自然灾害和严重的意外灾害的

二、多项选择题

1. 员工关系管理的主要职责是协调(　　)。

A. 员工与管理者的关系　　B. 员工与经销商的关系
C. 员工与客户的关系　　D. 员工与公司的关系
E. 员工与员工的关系

2. 下列哪些属于员工关系管理的内容？(　　)

A. 劳动关系管理　　B. 沟通关系管理
C. 员工情况管理　　D. 企业文化建设
E. 服务与支持

3. 认同共同的企业愿景和价值观，是建设和完善企业员工关系管理体系的(　　)。

A. 前提　　B. 核心　　C. 基础　　D. 根本
E. 要求

4. 中小企业员工关系管理中存在的问题主要有(　　)。

A. 没有成形的企业文化　　B. 不重视员工关系管理
C. 沟通意识不强　　D. 企业管理现代化
E. 缺乏激励机制

5. 提升员工关系管理的主要途径有(　　)。

A. 教育引导员工认同企业愿景及其共同价值观
B. 明确各级管理者的责任
C. 确保有效的沟通
D. 建立全员激励机制
E. 提高员工福利、待遇

6. 被迫减薪企业员工忠诚度管理的主要手段有(　　)。
   A. 减薪要全员进行　　B. 减薪前要充分沟通
   C. 比较和选择适宜的减薪方式　　D. 减薪制度要严格
   E. 减薪后要重建忠诚
7. 被迫裁员企业员工忠诚度管理的主要手段有(　　)。
   A. 裁员要全员进行　　B. 裁员前要充分沟通
   C. 裁员要人性化操作　　D. 裁员制度要严格
   E. 裁员后要重建忠诚
8. 我国《劳动法》第20条规定，劳动合同的期限可以分为(　　)。
   A. 固定期限　　B. 无固定期限
   C. 任意期限　　D. 临时期限
   E. 以完成一定的工作为期限
9. 劳动者与企业签订和变更劳动合同时，必须遵循的原则有(　　)。
   A. 公平公开原则　　B. 平等自愿的原则
   C. 协商一致的原则　　D. 及时处理的原则
   E. 不得违反法律和行政法规的原则
10. 企业有权提出解除劳动合同的条件是(　　)。
   A. 合同期满或者当事人约定的劳动合同终止条件出现
   B. 经劳动合同当事人协商一致
   C. 在试用期间，发现员工不符合录用条件的
   D. 严重违反劳动纪律或企业、组织的规章制度
   E. 给企业或组织造成重大利益损害、依法被追究刑事责任的
11. 企业不得提出解除劳动合同的情况是(　　)。
   A. 因工伤残，因病或非因工伤残在规定的医疗期限内的
   B. 女工在怀孕、生育和哺乳期的
   C. 员工家庭遇到严重的自然灾害和严重的意外灾害的
   D. 严重违反劳动纪律或企业、组织的规章制度
   E. 给企业或组织造成重大利益损害、依法被追究刑事责任的
12. 员工有权提出解除劳动合同的情形是(　　)。
   A. 合同期满或约定的合同终止条件出现
   B. 经国家有关部门确认，劳动安全、卫生条件恶劣，严重危害员工身体健康以及以暴力、威胁或者非法限制人身自由的手段强迫劳动的
   C. 在试用期间
   D. 企业不履行劳动合同，或者违反国家政策、法规，侵害员工合法权益的
   E. 提前30日书面通知企业或组织解除劳动合同的

三、简答题

1. 简述员工关系管理的目标。
2. 简述中小企业员工关系管理中存在的主要问题。

3. 简述有效预防劳动争议的主要措施。

四、论述题

1. 试述员工关系管理的具体内容。
2. 试述签订劳动合同时的注意事项。
3. 试述企业与员工产生劳动争议主要表现在哪些方面?

五、案例分析题

案例一

小刘是深圳某公司员工，每月工资 3000 元。2007 年 12 月 31 日，小刘与公司的劳动合同期满后继续留在该公司工作。其间，公司多次通知其续签劳动合同，但小刘总是找各种理由拖延不签。2008 年 6 月 1 日，小刘因个人原因辞职，并要求公司按照《劳动合同法》的规定支付其未签订劳动合同期间的两倍工资。公司不同意支付，理由是并非公司不与其签订劳动合同，而是小刘自己不愿意签订。小刘因此申请劳动仲裁，要求公司支付。

请回答下列问题：

1. 劳动仲裁支持公司支付两倍的工资给小刘吗?
2. 用人单位应如何预防此类争议?

案例二

某保险公司与朱某的劳动合同于 2007 年 12 月 31 日期满，该公司仍留用朱某，并与朱某协商续签劳动合同。截至 2008 年 1 月 31 日，朱某已在该公司连续工作 10 年，朱某因此提出续签无固定期限劳动合同，该公司只同意与其续签三年期的劳动合同。朱某因此申请仲裁，要求签订无固定期限劳动合同。

请回答下列问题：

1. 劳动仲裁能够支持朱某的诉求吗? 为什么?
2. 《劳动合同法》规定可以签订无固定期限劳动合同的情形有哪些?

案例三

某电子公司于 2008 年 5 月底从深圳搬迁至广东惠州，李某等 30 名员工因家在深圳而不愿去惠州工作。他们于 2007 年与该公司签订了劳动合同，劳动合同对工作地点没有约定。这 30 名员工的劳动合同均跨过 2008 年，且至 2008 年 5 月底均未到期。因这些员工不愿去惠州工作，该公司以不服从工作安排、旷工。严重违反公司规章制度为由解除了他们的劳动合同。这 30 名员工因此申请仲裁，要求按照其在该公司的工作年限计付解除劳动合同的经济补偿 80 多万元。

请回答下列问题：

1. 员工的该项争议能得到劳动仲裁的支持吗?
2. 用人单位应如何与劳动者约定工作地点?

案例四

A 是某公司职工，于 2007 年 3 月与公司签订了为期五年的劳动合同，2009 年 3 月，公司更换了主要负责人，新负责人以A不适合工作为由，要求与A解除劳动合同，A不同意。公司便采取了增加A劳动强度、减少A奖金收入等办法予以刁难。A在不堪忍受的情况下，提出如果公司提出解除劳动合同，他本人可以签字同意。但公司坚持让A自己先写“辞职报告”，然后由公司批准。A坚决不同意这样做，但公司许诺：如A照办，公司可以给予A一笔比较丰厚的生活补助，还可以按照《劳动法》有关规定支付解除劳动合同的经济补偿金。在这样的情况下，A于2009年5月向公司递交了“辞职报告”，并立即被公司批准，但此后的生活补助和经济补偿金却毫无踪影。A找公司索要，公司拿出A的“辞职报告”说，生活补助是单位对被辞退人员的抚恤，根据《劳动法》规定，经济补偿金在用人单位提出解除劳动合同时才支付，A是自动辞职，没有上述两项待遇。A非常气愤，提出申诉，并提供了公司要求他递交“辞职报告”的证据。

请回答下列问题：

1. 劳动争议仲裁委员会的审理结果会是怎样的？

2. 用人单位向劳动者支付经济补偿金的条件及标准是什么？

参考答案

一、单项选择题

1. C　2. A　3. B　4. C　5. D
6. A　7. D　8. C　9. B　10. B
11. C　12. D　13. A　14. C

二、多项选择题

1. ADE　2. ABCDE　3. AC　4. ABCE　5. ABCD
6. BC　7. BCE　8. ABE　9. BCE　10. ABCDE
11. ABC　12. ABCDE

三、简答题

1. 员工关系管理的目标：

(1) 员工关系管理的起点是让员工认同企业的愿景；

(2) 完善激励约束机制是员工关系管理的根本；

(3) 心理契约是员工关系管理的核心部分；

(4) 职能部门负责人和人力资源部门是员工关系管理的首要责任人。

总之，员工关系管理的问题最终是人的问题，主要是管理者的问题。所以，管理者，特别是中、高层管理者的观念和行为起着至关重要的作用。

2. 中小企业员工关系管理中存在的主要问题：

(1) 没有成形的企业文化。

(2) 不重视员工关系管理。

(3) 沟通意识不强。

(4) 缺乏激励机制。

3. 有效预防劳动争议的主要措施：

(1) 依法加强劳动合同管理，从源头上规范劳动关系。

(2) 依法建立和完善企业规章制度，杜绝无章可循的现象。

(3) 加强培训，避免有法不知。

(4) 合理处置违纪职工，规避法律风险。

(5) 借鉴他人经验，利用外部资源，预防劳动争议。

四、论述题

1. 从管理职责来看，员工关系管理主要有以下九个方面：

(1) 劳动关系管理。主要有劳动争议处理，员工上岗、离岗面谈及手续办理，处理员工申诉、人事纠纷等。

(2) 员工纪律管理。引导员工遵守公司的各项规章制度、劳动纪律，提高员工的组织纪律性，在某种程度上对员工行为规范起约束作用。

(3) 员工人际关系管理。引导员工建立良好的工作关系，创建有利于员工建立正式人际关系的环境。

(4) 沟通管理。保证沟通渠道的畅通，引导公司上下及时沟通，完善员工建议制度。

(5) 员工绩效管理。制定科学的考评标准和体系，执行合理的考评程序，考评工作既能真实反映员工的工作成绩，又能促进员工工作积极性的发挥。

(6) 员工情况管理。组织员工心态、满意度调查，谣言、怠工的预防、检测及处理，解决员工关心的问题。

(7) 企业文化建设。建设积极有效、健康向上的企业文化，引导员工树立正确的价值观，维护公司的良好形象。

(8) 服务与支持。为员工提供有关国家法律、法规和公司政策、个人身心等方面的咨询服务，协助员工平衡工作与生活。

(9) 员工关系管理培训。组织员工进行人际交往、沟通技巧等方面的培训。

2. 签订劳动合同时的注意事项：

(1) 劳动合同的当事人必须具备法定的资格。劳动者必须是年满 18 周岁以上具有劳动权利能力和劳动行为能力的公民，企业一方不仅要具有法人资格，而且是经国家有关部门批准具有招收员工、订立劳动合同资格的组织。

(2) 劳动合同的内容必须合法，即当事人双方约定的劳动权利、义务，不得违反国家的有关法律政策。

(3) 订立劳动合同的程序必须合法。要符合面向全社会、公开招收、自愿报名、全面考核、择优录用的具体原则。

(4) 劳动合同的形式必须合法。根据《劳动法》规定，签订劳动合同，必须采用书面的形式。

3. 企业与员工产生劳动争议主要表现在以下几个方面：

(1) 忽视劳动合同管理。①劳动合同签订不全面。②劳动合同不规范。③履行劳动合同的方式与程序不当。

(2) 企业规章制度不合理、不健全或没有依照合理程序制定执行。①企业规章制度不合理。②企业规章制度不健全。③企业未按合理程序制定执行规章制度。

(3) 人力资源管理人员缺乏预防劳动争议的知识与技能。企业没有投入足够的资源来进行劳动争议管理的研究，人力资源管理人员在劳动争议管理上缺乏足够的培训，使得许多本来不该发生的争议因此发生，也使得劳动争议发生时，企业疲于应付，败诉率居高不下。

五、案例分析题

案例一

1. 不一定，关键是公司能否举证说明不是用人单位不与其签订劳动合同，而是劳动者自己拒绝签订。

2. 用人单位应当依法及时与劳动者签订书面劳动合同，避免因超过法定时限而支付劳动者两倍工资。实践中，有的用人单位人数多，劳动合同签订量大，稍不注意，容易遗漏。因此，用人单位一定要加强劳动合同管理，应根据实际情况，配备一定的专职人员负责劳动合同管理，避免出现忘签的情况。

针对劳动者拒不签订书面劳动合同的，用人单位应当准备相关证据。一旦发生争议，劳动者如果不承认自己不愿签订书面劳动合同，那么用人单位应当承担举证责任，即需证明不是用人单位不与其签订劳动合同，而是劳动者自己拒绝签订。有了这方面的证据，即使有争议，在仲裁和诉讼中，用人单位也能占据主动。

案例二

1. 劳动争议仲裁委员会裁决支持朱某的诉求。因为，《劳动合同法》规定，劳动者在用人单位连续工作满十年，劳动者提出或者同意续订、订立劳动合同的，除劳动者提出订立固定期限劳动合同外，应当订立无固定期限劳动合同。

2.《劳动合同法》规定了以下三种可以签订无固定期限劳动合同的情形：①用人单位初次实行劳动合同制度或者国有企业改制重新订立劳动合同时，劳动者在该用人单位连续工作满十年且距法定退休年龄不足十年的；②连续订立二次固定期限劳动合同，续订劳动合同的；③用人单位自用工之日起满一年不与劳动者订立书面劳动合同的，视为用人单位与劳动者已订立无固定期限劳动合同。

案例三

1. 用人单位由深圳市行政区域内向深圳市行政区域外搬迁的，劳动者可以拒绝去新的工作地点工作，并可以依据《劳动法》第26条第(3)项的规定要求支付解除劳动合同经济补偿金。

2. 约定工作地点应当遵循以下两个原则：

一是地点确定原则。工作地点一定要明确，双方不会产生分歧和争议。

二是兼顾用人单位业务发展需要和劳动者实际情况原则。兼顾用人单位的业务发展需要，是指因用人单位的经营范围、经营模式和发展速度千差万别，在约定工作地点时应当充分考虑其特点。兼顾劳动者的实际情况，是指应当允许劳动者根据自身特殊情况选择工作地点。

案例四

1. 劳动争议仲裁委员会经审理，应该裁决公司支付A两个月工资的经济补偿金，仲裁费用由公司承担。

2. 用人单位依照《劳动合同法》第三十六条规定，向劳动者提出解除劳动合同并与劳动者协商一致解除劳动合同的，用人单位应当向劳动者支付经济补偿。

经济补偿按劳动者在本单位工作的年限，每满一年支付一个月工资的标准向劳动者支付。六个月以上不满一年的，按一年计算；不满六个月的，向劳动者支付半个月工资的经济补偿。根据上述规定，解除劳动合同，如果是用人单位提出的，必须要依法支付劳动者经济补偿金，如果是劳动者主动提出的，则没有相应规定。

全真模拟演练（一）

（考试时间150分钟）

总分		题号	一	二	三	四	五
核分人		得分	20	20	25	20	15
复查人		得分					

一、单项选择题（本大题共20小题，每小题1分，共20分。在每小题列出的四个备选项中只有一个是符合题目要求的，请将其代码填写在题后的括号内。错选、多选或未选均无分。）

1. 下列有关人力资源与人力资本的关系描述不正确的是（　　）。
   A. 人力资本是对人力资源开发性投资形成的结果
   B. 人力资源为一存量概念
   C. 人力资本兼有流量和存量的概念
   D. 人力资源理论是人力资本理论的基础
2. 要确保人力资源规划的正确性，必须（　　）。
   A. 建立人力资源档案　　B. 进行人力资源的预测
   C. 实施控制和评价　　D. 采取管理行动
3. 人力资源规划程序的实质性阶段是（　　）。
   A. 准备阶段　　B. 预测比较阶段
   C. 制定阶段　　D. 实施和评估阶段
4. 下列方法中不属于需求预测方法的是（　　）。
   A. 经验预测法　　B. 直接调查
   C. 德尔菲预测法　　D. 专家预测法
5. 观察法特别适用于（　　）。
   A. 脑力劳动成分较高的职位　　B. 活动范围很大的职位
   C. 以外显动作为主的职位　　D. 特殊环境中活动的职位
6. 关键事件法的缺点是（　　）。
   A. 对中等绩效的员工难以涉及，遗漏了平均绩效水平
   B. 由任职者自行填写，信息失真的可能性较大
   C. 适用的范围具有一定的局限性
   D. 调查者和被调查者彼此配合难度大

7. 在招聘员工时，应考虑的一项主要因素是(　　)。
   A. 外貌　　B. 个人特点
   C. 身高　　D. 工作经历
8. 心理测试的优点是(　　)。
   A. 开发周期长　　B. 变通性比较差
   C. 成本较低　　D. 结果不准确性
9. 下列哪一项不是培训计划的内容(　　)。
   A. 选定培训对象　　B. 设计培训课程
   C. 脱产培训　　D. 培训工作组织
10. 网上培训的优点(　　)。
    A. 体现团队精神　　B. 大大节约培训费用
    C. 监督性很强　　D. 提高沟通技巧
11. 处于职业生涯发展30～40岁阶段时的主要任务除发奋努力，展示才能以外，对很多人来说，还有一个任务是(　　)。
    A. 树立良好的形象　　B. 调整职业目标
    C. 继续学习　　D. 选择职业
12. 对个体素质测量数据进行综合分析，然后做出职业适应性判断的过程称为(　　)。
    A. 职业鉴定　　B. 职业测验
    C. 素质测评　　D. 职业定位
13. 在对某个被考核对象进行绩效考核时，期望其应该达到的水平标准可以称为(　　)。
    A. 择优标准　　B. 最低标准
    C. 卓越标准　　D. 基本标准
14. 基于企业发展战略的关键成功要素法分析得到的关键绩效指标是(　　)。
    A. 战略级的KPI　　B. 企业级的KPI
    C. 部门级的KPI　　D. 个人的KPI
15. 将企业战略目标逐层分解转化为各种具体的相互平衡的绩效考核指标体系，并对这些指标的实现状况进行不同时段的考核，从而为企业战略目标的完成建立起可靠的执行基础。这种业绩指标被称为(　　)。
    A. 行为特征指标　　B. 平衡计分卡
    C. 结果特征指标　　D. 关键绩效指标
16. 在企业长期生产经营活动中自觉形成的，为广大员工所自觉恪守的经营宗旨、价值观念和道德行为准则的综合反映，指的是(　　)。
    A. 企业章程　　B. 企业理念
    C. 企业文化　　D. 企业宗旨
17. 企业通过对岗位工作的职责大小、劳动复杂程度、任职资格条件等因素的测评，按岗位工作的相对价值的高低来决定员工工资水平的一种薪酬制度称为(　　)。
    A. 职位薪酬体系　　B. 技能薪酬体系
    C. 绩效薪酬体系　　D. 能力薪酬体系

18. 员工关系管理的根本是（　　）。

A. 让员工认同企业的愿景

B. 完善激励约束机制

C. 建立心理契约

D. 明确职能部室负责人和人力资源部门的职责

19. 劳动合同可以约定试用期，但试用期最长不能超过（　　）。

A. 三个月　　　B. 六个月

C. 九个月　　　D. 一年

20. 企业不得提出解除劳动合同的情况是（　　）。

A. 给企业或组织造成重大利益损害、依法被追究刑事责任的

B. 在试用期间，发现员工不符合录用条件的

C. 严重违反劳动纪律或企业、组织的规章制度

D. 因工伤残，因病或非因工伤在规定的医疗期限内的

二、多项选择题（本大题共 10 小题，每小题 2 分，共 20 分。在每小题列出的五个备选项中至少有两个是符合题目要求的，请将其代码填写在题后的括号内。错选、多选、少选或未选均无分。）

21. 现代人力资源管理与传统人事管理相比较，其特点主要表现为（　　）。

A. 体现了人本管理的思想

B. 体现了系统性的观点

C. 人力资源管理部门具有决策的职能

D. 强调人与环境的协调发展

E. 管理的封闭性

22. 常用的人力资源需求预测方法有（　　）。

A. 经验预测法　　　B. 直接调查

C. 德尔菲预测法　　　D. 专家预测法

E. 文献法

23. 工作分析包括的基本内容是（　　）。

A. 职位描述　　　B. 任职者说明

C. 工作说明书　　　D. 工作规范

E. 工作概述

24. 关于录用决策，表述正确的是（　　）。

A. 应当强调人员之间的互补性

B. 应关注求职者与应聘职位的适合度问题

C. 要考虑组织不同发展阶段对于员工素质的不同要求

D. 只考虑组织的当前需要，长远需要暂时不考虑

E. 刻意追求十全十美的人

25. 按培训目的来划分，员工培训的形式可划分为（　　）。

A. 过渡性教育培训　　　B. 知识更新培训

C. 提高业务技能培训
D. 专业人才培训
E. 在职培训

26. 员工职业生涯管理流程主要包括(　　)。
A. 员工自我评估
B. 组织对员工的评估
C. 职业信息的传递
D. 职业咨询与指导
E. 员工职业发展设计

27. 对于绩效的含义,通常的理解有(　　)。
A. 绩效就是结果
B. 绩效的目标是行为
C. 绩效就是效能
D. 个体特征可以反映绩效水平
E. 绩效管理的对象是战略的实施过程

28. 绩效考核结果应用领域包括(　　)。
A. 报酬的分配和调整
B. 职位的变动
C. 员工培训和个人发展计划
D. 绩效计划的建立
E. 员工选拔和培训的有效性的衡量标准

29. 一个企业的薪酬体系要适应企业的战略发展,满足员工的物质利益追求,应具备以下几个方面的特征(　　)。
A. 对内公正性
B. 对外竞争性
C. 个人激励性
D. 易于管理性
E. 结构合理性

30. 劳动者与企业签订和变更劳动合同时,必须遵循的原则有(　　)。
A. 公平公开原则
B. 平等自愿的原则
C. 协商一致的原则
D. 及时处理的原则
E. 不得违反法律和行政法规的原则

三、简答题(本大题共 5 小题,每小题 5 分,共 25 分)

31. 简述人力资本的特性。
32. 简述工作描述与工作规范的关系。
33. 简述设置招聘标准时如何区分资格要求的类别。
34. 在设定绩效指标时,通常需要考虑哪几类标准?
35. 简述员工关系管理的主要职责。

四、论述题(本大题共 2 小题,每小题 10 分,共 20 分)

36. 人力资源决策过程包括哪几个方面的内容?
37. 试述员工培训方案设计的主要流程。

五、案例分析题(本题 15 分)

38. 北方电信公司为了改进技术服务质量,提高客户满意度,1987 年在客户服务部门内部对工程师和技术人员实行了技能工资制。

根据对技术人员和工程师的调查,公司总结出他们工作中所运用的硬件、软件、客户数据库、文件存档、网络接触面、书面交流、人际交往七个主要方面的技能，每个方面根据其运用到的具体技术划分为四个等级。同时，组织专家对技术人员和工程师目前具有的技能种类和每种技能的等级进行评定，确定每位员工的底薪。以后，员工每提高一级技能或获得一项新的技能在得到评定委员会的认可后，就可获得相应的加薪。实行技能工资制以后掌握的技能与工资直接挂钩，所以员工们对培训的需求大大增加。

请问：企业实施技能工资制的基本条件有哪些？

全真模拟演练（一）参考答案及解析

一、单项选择题（本大题共20小题，每小题1分，共20分）

1. D　2. B　3. C　4. B　5. C
6. A　7. D　8. A　9. C　10. B
11. B　12. A　13. D　14. B　15. B
16. C　17. A　18. B　19. B　20. D

二、多项选择题（本大题共10小题，每小题2分，共20分）

21. ABCD　22. ABCD　23. AB　24. ABD　25. ABCD
26. ABCDE　27. ABDE　28. ABCE　29. ABCD　30. BCE

三、简答题（本大题共5小题，每小题5分，共25分）

31. （1）不可分性。（1分）
（2）价值难以评估。（1分）
（3）收益不确定性。（1分）
（4）流动性。（1分）
（5）溢出性。（1分）

32. 工作描述和工作规范是工作说明书中最重要的信息。（1分）

工作描述是关于一种工作中所包含的任务、职责和责任的一份目录清单。（2分）

工作规范是一个人为了完成某种特定的工作所必须具备的知识、技能、能力以及其他特征的一份目录清单，全面反映对工作承担者在个性特征、技能以及工作背景等方面的要求。（2分）

33. 设置招聘标准，可以将资格要求分为两大类：必备条件和择优条件。（1分）

所谓必备条件，就是对候选人最低限度的资格要求，不能依靠学习新的技能或从其他途径获得帮助等加以弥补。（2分）

一旦必备条件确定以后，与此对应的要求也需要确定，即带有倾向性的资格要求，也就是所谓的择优条件。在候选人其他方面都相当的情况下，择优条件可以帮助组织比较候选人的相对优劣。（2分）

34. 在设定绩效指标时，通常需要考虑两类标准：基本标准与卓越标准。（1分）

基本标准是指对某个被考核对象而言期望达到的水平。这种标准是每个被考核对象经过努力都能够达到的水平。并且，对一定的职位来说，基本标准可以有限度地描述出来，如基本的绩效工资等。（2分）

卓越标准是指对被考核对象未做要求和期望但是可以达到的绩效水平。卓越标准的水平并非每个被考核对象都能达到，只有一小部分被考核对象可以达到，如额外的奖金、分红、职位的晋升。（2分）

35.（1）协调员工与管理者之间的关系。（1分）

（2）协调员工与公司之间的关系。（1分）

（3）协调员工与员工之间的关系。（1分）

（4）引导建立积极向上的工作环境。（1分）

视论述详细情况再加1分。

四、论述题（本大题共2小题，每小题10分，共20分）

36.（1）确定人力资源计划的目标，根据企业整体计划目标和各项职能计划对人力资源的要求，紧紧围绕着提高劳动生产率这个中心来确定。（2分）

（2）人员征补的决策，包括各类人员征补数量、征补时机、征补方式，以及对征补人员素质上的要求等。（1分）

（3）职业转移的决策，包括其规模、类别、时机、去向等。（1分）

（4）人力补充决策，指因企业规模扩大与技术设备更新所需新增人员的数量、素质及来源的决策。（2分）

（5）职工培训决策，包括培训目标、培训内容、培训方式等。（1分）

（6）薪酬分配决策，包括正确处理企业分配关系，设计合理的薪酬总额、薪酬结构、薪酬关系，以调动员工的积极性，提高工作效率。（2分）

（7）劳动力维持决策，是指为维持劳动力的正常状态，需要在劳动保护、职工福利等方面确定目标，采取的措施及经费预算。（1分）

37.（1）培训需求分析。培训需求分析是在企业培训需求调查的基础上，采用全面分析与绩效差距分析等多种分析方法和技术，对企业及其成员的知识、技能、目标等方面进行系统分析，以确定是否需要培训，以及培训内容的过程。（4分）

（2）制订培训计划。选定培训对象、遴选培训讲师、设计培训课程、选择培训形式和方法、培训时机选择、培训工作组织。（4分）

（3）培训效果评估。培训评估也就是对培训效果进行评价，指依据培训目标，对培训对象和培训本身做一个价值判断。（2分）

五、案例分析题（本题15分）

38.（1）健全的技能评价体系。实施技能工资制首先要对员工的技能进行评价，从而确定出不同的等级。其次，根据员工所处等级的不同分别给予不同的工资。因此，确定员工的技能等级也就成了技能工资实施的核心问题。（3分）

（2）扁平化的组织结构。在扁平化的组织中，员工将注意力从职位晋升和地位提高，转向技能的学习、运用和扩充，这正是实施技能工资制所必需的基础。（3分）

（3）工作结构性较高、专业性较强。一个组织采用技能工资制的基本假定是："掌握更多与工作有关的新技能的工人能为公司做出更大的贡献，结果理应得到更多的报酬。"结构性较高的工作恰好符合这一假设。（3分）

（4）高度的员工参与。在设计和实施技能工资制过程中，需要从员工那里获得充分的信息反馈及建议，不断对方案进行修改。因为一线员工清楚地了解组织需要什么技能，

而他们已经掌握了哪些技能，需要提高哪些技能，这些对完善技能工资制是至关重要的。(3分)

(5) 完备的培训机制。实行技能工资后，员工的工资就与其掌握的知识和技能产生了直接的联系，他们会格外重视学习和发展自己的技能。因此，员工对培训的需求必然会增大，这就要求企业有完备的培训机制为员工提供培训，并保证他们有时间参加这些培训。(3分)

全真模拟演练（二）

（考试时间150分钟）

总分		题号	一	二	三	四	五
核分人		得分	20	20	25	20	15
复查人		得分					

一、单项选择题（本大题共20小题，每小题1分，共20分。在每小题列出的四个备选项中只有一个是符合题目要求的，请将其代码填写在题后的括号内。错选、多选或未选均无分。）

1. 下列不属于人力资源能动性特征的是(　　)。

A. 人的自我强化　　B. 选择职业

C. 接受培训　　D. 积极劳动

2. 管理的重点就是营造和谐的人际关系的是(　　)。

A. 经济人假设　　B. 社会人假设

C. 自我实现人假设　　D. 复杂人假设

3. 人力资源规划的实质是(　　)。

A. 实现组织人力资源需求和供给的平衡

B. 分析现有人力资源的质量

C. 检查人力资源目标的实现程度

D. 分析人力资源管理的效果

4. 按人力资源规划的期限分，人力资源规划包括(　　)。

A. 总体规划和业务规划　　B. 长期、中期和短期规划

C. 战略规划、战术规划和行动方案　　D. 人员使用规划和人员晋升规划

5. 下列对工作分析前期准备阶段工作分析的描述不正确的是(　　)。

A. 在准备阶段应该成立工作分析小组

B. 了解工作职务的基本特征

C. 选择工作分析人员

D. 收集相关信息

6. 问卷法是指(　　)。

A. 以书面问答的方式对任职者进行调查，以获取工作要素信息的方法

B. 工作分析人员通过面对面询问而获取工作要素信息的方法

C. 工作分析人员通过对职务活动进行系统观察而获取职务要素信息的方法
D. 对完成工作的关键行为进行记录，选择其中最重要和最关键性的部分进行评定的方法

7. 下列不属于内部招聘方法的是（　　）。
A. 工作轮换　　B. 校园招聘
C. 工作告示　　D. 人才库和继任计划

8. 一般来说，更适合从内部招聘的岗位是（　　）。
A. 技术类　　B. 行政类
C. 生产类　　D. 营销类

9. 企业为了企业发展和员工个人发展需要，让在职员工离开现任的工作岗位去接受培训，是指（　　）。
A. 岗前培训　　B. 在职培训
C. 脱产培训　　D. 专业人才培训

10. 通过调动培训对象积极性，让其在培训者与培训对象的双方互动中学习的方法是（　　）。
A. 课堂教学法　　B. 工作指导法
C. 影视法　　D. 参与式培训法

11. 职业生涯规划可以从哪几个方面进行划分？（　　）。
A. 个人角度　　B. 企业角度
C. 个人和企业角度　　D. 社会角度

12. 组织管理部门根据组织发展和组织人力资源规划的需要，根据员工自身的特点及岗位特征进行评价，协助员工实现职业生涯发展目标的过程，称作（　　）。
A. 职业生涯管理　　B. 企业职业生涯管理
C. 个人职业生涯管理　　D. 员工职业生涯管理

13. 各级管理者和员工为了达到组织目标而共同参与的绩效计划制订、绩效辅导沟通、绩效考核评价、绩效结果应用、绩效目标提升的持续循环过程称为（　　）。
A. 绩效管理　　B. 绩效沟通
C. 绩效考核　　D. 绩效目标

14. 贯穿于绩效管理过程始终的是（　　）。
A. 绩效计划　　B. 绩效沟通
C. 绩效考核　　D. 绩效反馈

15. 下列不属于确定企业级关键绩效指标的内容是（　　）。
A. 部门职责的分解　　B. 明确企业战略
C. 确定关键绩效领域　　D. 设计企业级关键绩效指标

16. 下列不属于间接经济性薪酬的是（　　）。
A. 保健计划　　B. 住房资助
C. 员工服务　　D. 股权

17. 通过绩效评估，对员工个人的技能和业绩表现进行科学评价，并与薪酬紧密挂钩，

以激发员工的进取心，是指薪酬体系设计时应具备(　　)。

A. 对内公正性　　B. 对外竞争性

C. 个人激励性　　D. 易于管理性

18. 将本企业薪酬水平定位在等于或接近市场平均水平的一种薪酬策略称为(　　)。

A. 领先型　　B. 混合型

C. 追随型　　D. 滞后型

19. 员工关系管理的首要责任人是(　　)。

A. 高层管理人员　　B. 普通员工

C. 中层管理人员　　D. 职能部室负责人和人力资源部门

20. 对劳动合同双方已订立的合同条款达成修改补充协议的法律行为，称为(　　)。

A. 劳动合同的订立　　B. 劳动合同的履行

C. 劳动合同的变更　　D. 劳动合同的解除

二、多项选择题（本大题共10小题，每小题2分，共20分。在每小题列出的五个备选项中至少有两个是符合题目要求的，请将其代码填写在题后的括号内。错选、多选、少选或未选均无分。）

21. 人力资源管理的理论基础主要有(　　)。

A. 人性假设理论　　B. 人本管理理论

C. 激励理论　　D. 系统理论

E. X理论

22. 人力资源规划的作用表现为(　　)。

A. 增强组织对内部环境的适应性

B. 确保组织生存发展过程中对人力资源的需求

C. 有助于组织人力资源结构和配置的优化

D. 有助于控制人力成本

E. 有利于调动员工的积极性和创造性

23. 工作日志法的优点在于它的(　　)。

A. 详尽性　　B. 可靠性　　C. 真实性

D. 标准性　　E. 方便性

24. 对于结构化面试，表述正确的有(　　)。

A. 考官与考生应保持适当距离

B. 应为考生准备饮用水和纸巾

C. 应避免前后考生在场外相互交流

D. 考生回答问题有困难，可以适当延长时间

E. 没有一个事先的框架

25. 直接传授培训的方式有(　　)。

A. 课堂教学法　　B. 工作指导法

C. 影视法　　D. 案例分析法

E. 角色扮演法

26. 职业生涯规划涉及的主体主要有(　　)。
A. 员工　　B. 客户
C. 组织　　D. 上级主管
E. 供应商

27. 在设定绩效指标时，通常需要考虑的两类指标是(　　)。
A. 择优标准　　B. 基本标准
C. 卓越标准　　D. 最低标准
E. 最优标准

28. 关键绩效指标体系包括多个层面的指标，这些层面是指(　　)。
A. 行为层面的指标　　B. 企业层面的指标
C. 结果层面的指标　　D. 部门层面的指标
E. 个人层面的指标

29. 薪酬对员工来说，具有的功能主要包括(　　)。
A. 经济保障功能　　B. 改善经营绩效功能
C. 心理激励功能　　D. 支持企业变革
E. 社会信息功能

30. 被迫减薪企业员工忠诚度管理的主要手段有(　　)。
A. 减薪要全员进行　　B. 减薪前要充分沟通
C. 比较和选择适宜的减薪方式　　D. 减薪制度要严格
E. 减薪后要重建忠诚

三、简答题（本大题共 5 小题，每小题 5 分，共 25 分）

31. 简述人力资源的特性。
32. 简述人力资源规划的主要作用。
33. 简述制定工作说明书的一般步骤。
34. 简述建立基于胜任特征的培训需求分析的基本步骤。
35. 简述内外职业生涯的含义。

四、论述题（本大题共 2 小题，每小题 10 分，共 20 分）

36. 人力资源规划与企业战略之间存在哪几种关系?
37. 试述薪酬结构设计的主要步骤。

五、案例分析题（本题 15 分）

38. A 公司是一家日资企业，成立于 1998 年。自 2002 年起，公司进行战略调整，总部派人先后设立销售、设计、企业策划等部门；产品销售区域从国外转向以内地为主。随着组织机构的膨胀，人员考核中的矛盾开始暴露出来。2003 年 4 月，公司月度考核之后，公司设在上海的销售公司的全体中方员工 40 多人集体跳槽，只留下一个日籍销售总监和 3 个销售主管。于是，公司派人赴上海调查，以下是与已跳槽员工的访谈内容。

员工小朱抱怨，自己对面谈没有充分的时间进行准备，原因是交当月考评表的前一天他才接到销售总监的电话，要求他马上过去进行绩效面谈。员工小田反映，销售总监平时与他没有任何沟通，但在面谈中却列举了每周客户投诉他的一些小事件，他认为这是销售总监给自己穿小鞋，何况自己已经完成了当月的销售定额。员工小夏认为，销售总监不尊重中方员工，每个月的绩效面谈大都是批评之辞，而且还不允许下属提反对意见，面谈中若稍微辩解了两句，销售总监就咆哮起来。事实上，从中方主管到普通员工，每个月大家都想方设法完成销售总监制定的销售定额……

请问：(1) 上述案例是在什么地方出现了问题？

(2) 结合实际谈谈绩效沟通时应注意哪些技巧？

全真模拟演练（二）参考答案及解析

一、单项选择题（本大题共 20 小题，每小题 1 分，共 20 分）

1. C　2. B　3. A　4. B　5. D
6. A　7. B　8. A　9. C　10. D
11. C　12. D　13. C　14. B　15. A
16. D　17. C　18. C　19. D　20. C

二、多项选择题（本大题共 10 小题，每小题 2 分，共 20 分）

21. ABCE　22. ABCDE　23. AB　24. CD　25. ABC
26. ACD　27. BC　28. BDE　29. ACE　30. BC

三、简答题（本大题共 5 小题，每小题 5 分，共 25 分）

31. （1）效用性。（1 分）
（2）能动性。（1 分）
（3）消耗性。（1 分）
（4）不均衡性。（1 分）
视论述详细情况再加 1 分。
32. （1）有利于组织制定战略目标和发展规划。（1 分）
（2）确保组织生存发展过程中对人力资源的需求。（1 分）
（3）有利于人力资源管理活动的有序化。（1 分）
（4）有利于调动员工的积极性和创造性。（1 分）
（5）有利于控制人力资源成本。（1 分）
33. （1）专家调查访谈。（1 分）
（2）员工编写初稿。（1 分）
（3）主管审核签字。（1 分）
（4）专家培训。（1 分）
（5）专家审核修订。（1 分）
34. （1）进行组织分析，确定企业的核心胜任力。（2 分）
（2）任务分析，建立岗位胜任模型。（2 分）
（3）人员分析，确定培训需求。（1 分）

35. 外职业生涯是指从事一种职业时的工作时间、工作地点、工作单位、工作内容、工作职务与职称、工资待遇、荣誉称号等因素的组合及其变化过程。外职业生涯因素通常由他人给予和认可，也容易为他人所剥夺。（2 分）

内职业生涯是指从事一种职业时的知识、观念、经验、能力、心理素质、内心感受等因素的组合及其变化过程。内职业生涯因素主要靠自己的不断探索而获得，不随外职

业生涯的获得而自动具备，也不会由于外职业生涯的失去而自动丧失。(2 分)

因此，只有内、外职业生涯同时发展，职业生涯之旅才能一帆风顺。(1 分)

四、论述题（本大题共 2 小题，每小题 10 分，共 20 分）

36. 存在三种不同的关系：随动关系、孤立关系、结合关系。(1 分)

(1) 随动关系是指人力资源战略规划只是相当于企业战略确定之后的一个附件，即在战略和经营计划等确定之后，才开始提及人力资源规划问题，人力资源规划完全以企业战略的人员结构、竞争力、领导能力为目标开展。(3 分)

(2) 孤立关系则是将人力资源战略规划作为一个与企业战略相独立的过程，规划优先关注人力资源管理的事项而不是战略目标，这样的人力资源规划很少能为企业的战略成功创造价值。(3 分)

(3) 结合关系是以企业战略为基础，相互完善，过程互动。各部门管理人员与人力资源管理部门共同完成规划过程，与企业战略相互协调。(3 分)

37. (1) 通观被评价职位的点值状况，根据职位评价点数对职位进行排序。这一步骤的目的在于从整体上观察通过计点法得到的被评价职位的点值分布情况，看看有没有明显有出入的点值。(1 分)

(2) 按照职位点数对职位进行初步分组。根据初步判断，将点数接近的职位归属于同一个级别。(1 分)

(3) 根据职位的评价点数确定职位等级的数量及其点数变动范围。需要仔细考虑到底应当划分多少个职位等级比较合适，并且确定每一个职位等级的最低点数和最高点数。(2 分)

(4) 将职位等级划分、职位评价点数与市场薪酬调查数据结合起来。假定通过外部市场薪酬调查得到了相应职位的市场薪酬水平，这样，就可以得到与被评价职位有关的两列数据，一列是点数值，一列是薪酬水平数值。(2 分)

(5) 考察薪酬区间中值与市场水平的比较比率，对问题职位的区间中值进行调整。得出每一职位等级的薪酬中值之后，通常还需要对薪酬区间中值与外部市场薪酬数据之间的比率进行分析，以发现可能存在问题的特定职位等级的薪酬定位。(2 分)

(6) 根据确定的各职位等级或薪酬等级的区间中值建立薪资结构。最后，在考虑到各职位等级内部各种职位的价值差异大小及相应的外部市场薪酬水平的基础上，确定各薪酬区间的变动幅度。(2 分)

五、案例分析题（本题 15 分）

38. (1) 这是绩效面谈中沟通上出了问题。绩效沟通贯穿于绩效管理的始终。在一定程度上，绩效管理就是管理者与员工就绩效目标的设定及实现而持续不断地进行双向沟通的过程。(5 分)

(2) 绩效沟通的技巧主要有：

第一，时间、场所的选择。避开上下班、开会等让人分心的时间段，与员工事先商讨双方都能接受的时间，远离办公室，选择安静、轻松的小会客厅，双方成一定夹角而

坐，给员工一种平等、轻松的感觉。(2分)

第二，认真倾听员工解释。主管应尽量撇开自己的偏见，控制情绪，耐心地听取员工讲述并不时地概括或重复对方的谈话内容，鼓励员工继续讲下去，帮助分析原因，这是面谈得以成功的重要基础。(2分)

第三，为了员工更多地表达对绩效的看法，主管应多提一些开放性的问题，激起员工的兴趣，排除戒备心理，慢慢调动员工的主动性。(2分)

第四，善于给员工下台阶。面谈中，员工有时已清楚自己做得不好，在主管给出了具体的事例与记录后，却不好意思直接承认错误，主管就不要进一步追问，而应设法为对方挽回面子。(2分)

第五，以积极的方式结束面谈。如果面谈中的信任关系出现裂痕，或由于其他意外事情打断，应立即结束面谈，不谈分歧，而肯定员工的工作付出，真诚希望对方工作绩效有提高，并在随后的工作中抽空去鼓励员工，给予应有的关注。(2分)

全真模拟演练（三）

（考试时间 150 分钟）

总分		题号	一	二	三	四	五
核分人		得分	20	20	25	20	15
复查人		得分					

一、单项选择题（本大题共 20 小题，每小题 1 分，共 20 分。在每小题列出的四个备选项中只有一个是符合题目要求的，请将其代码填写在题后的括号内。错选、多选或未选均无分。）

1. 下列关于人力资源计量方法正确的是（　　）。

A. 人力资源的数量和质量之和　　B. 人力资源的流量

C. 人力资源的存量　　D. 人力资源的数量

2. 核心是以“人是整体的统一”的假设是（　　）。

A. 经济人假设　　B. 社会人假设

C. 自我实现人假设　　D. 复杂人假设

3. 总体规划和业务规划的划分根据是（　　）。

A. 人力资源的职能　　B. 人力资源规划的期限

C. 人力资源的层次　　D. 人力资源规划的性质

4. 影响外部供给的主要因素是（　　）。

A. 工资性因素和非工资性因素　　B. 地区性因素和全国性因素

C. 社会性因素　　D. 企业因素

5. 在进行问卷设计时，为了便于资料的统计，问卷的主要形式是（　　）。

A. 开放式问题　　B. 封闭式问题

C. 固定式问题　　D. 定量的问题

6. 下列有关问卷设计的顺序描述不正确的是（　　）。

A. 把被调查者熟悉的问题放在前面，生疏的放在后面

B. 简单易答的问题放在前面，较难的问题放在后面

C. 按下级到上级的逻辑顺序排列

D. 开放式问题放在最后

7. 下列不属于外部招聘方法的是（　　）。

A. 工作轮换　　B. 校园招聘

C. 广告招聘　　D. 猎头招聘

8. 岗位设置的数目应符合的数量原则是(　　)。

A. 最多　　B. 最低　　C. 最高　　D. 适中

9. 制订培训计划的目的是(　　)。

A. 保证培训工作合理开展　　B. 提高培训效率

C. 规范培训工作　　D. 确定需要培训的人员

10. 游戏法的优点是(　　)。

A. 激发学员的积极性　　B. 大大节约培训费用

C. 无需重复准备教材　　D. 提高沟通技巧

11. 对员工职业生涯规划负主要责任的是(　　)。

A. 上级主管　　B. 企业

C. 同事　　D. 员工本身

12. 运用适宜、有效的测量工具对寻求指导的个体的职业素质进行评价的过程，称为(　　)。

A. 职业鉴定　　B. 职业测验

C. 素质测评　　D. 职业定位

13. 要想有效地进行绩效管理，必须首先要有清晰的(　　)。

A. 职位描述信息　　B. 绩效指标设定

C. 绩效计划　　D. 绩效反馈

14. 符合企业目标的、具有明显或明确的绩效改进及绩效提升的业绩指标，称为(　　)。

A. 行为特征指标　　B. 平衡计分卡指标

C. 结果特征指标　　D. 关键绩效指标

15. 在确定部门级关键绩效指标时，指标较少来自于其部门职责的部门是(　　)。

A. 行政办公室　　B. 财务部

C. 人力资源部　　D. 销售部

16. 薪酬对员工来说，不包括以下哪项功能(　　)。

A. 经济保障功能　　B. 控制经营成本

C. 心理激励功能　　D. 社会信息功能

17. 薪酬绩效考核指标应简单明了，薪酬等级要宽泛，薪酬要素应符合公司经营战略发展的需要，是指薪酬体系设计时应具备(　　)。

A. 对内公正性　　B. 对外竞争性

C. 个人激励性　　D. 易于管理性

18. 应用各种正常的手段，来获取相关企业各职务的薪酬水平及相关信息，然后对调查的数据进行统计和分析，最后确定公司薪酬水平的市场定位过程，称为(　　)。

A. 市场薪酬　　B. 薪酬结构设计

C. 薪酬调查　　D. 薪酬区间

19. 劳动者和用人单位确立劳动关系、明确双方权利和义务的协议，称为(　　)。

A. 劳动关系　　B. 劳动合同

C. 雇佣关系　　D. 雇佣合同

20. 当事人双方提前终止劳动合同的法律效力，解除双方的权利和义务关系，这一过程被称为(　　)。

A. 劳动合同的订立　　B. 劳动合同的履行

C. 劳动合同的变更　　D. 劳动合同的解除

二、多项选择题（本大题共 10 小题，每小题 2 分，共 20 分。在每小题列出的五个备选项中至少有两个是符合题目要求的，请将其代码填写在题后的括号内。错选、多选、少选或未选均无分。）

21. 人力资源管理发展阶段包括(　　)。

A. 组织性质的转变　　B. 管理角色的转变

C. 管理职能的转变　　D. 管理模式的转变

E. 层次结构的转变

22. 人力资源规划的基本步骤是(　　)。

A. 准备阶段　　B. 预测比较阶段

C. 制定阶段　　D. 实施和评估阶段

E. 管理控制阶段

23. 观察法的缺点在于(　　)。

A. 手段不多　　B. 效率不高

C. 适用范围有限　　D. 难以得到组织者合作

E. 适用范围很广

24. 与外部招聘相比，内部招聘的优点有(　　)。

A. 招聘成本小　　B. 有利于培养员工的忠诚度

C. 有利于招聘到高质量的人才　　D. 有利于激励员工、鼓舞士气

E. 降低徇私的可能性

25. 心理培训的具体方法有(　　)。

A. 心理暗示法　　B. 游戏训练法

C. 头脑风暴法　　D. 角色模拟法

E. 心理剧技术

26. 处于职业生涯发展 20～30 岁阶段的主要任务是(　　)。

A. 调整职业目标　　B. 选择职业

C. 大显身手　　D. 树立良好的形象

E. 坚持学习

27. 绩效管理的目的是持续提升(　　)。

A. 绩效目标的改善　　B. 个人的绩效

C. 部门的绩效　　D. 组织的绩效

E. 绩效考核指标的达成

28. 部门经理在绩效反馈阶段与员工进行沟通的主要内容有(　　)。

A. 结果反馈　　B. 考核申诉

C. 绩效分析　　D. 员工激励
E. 行动计划

29. 薪酬对企业来说，具有的功能主要包括(　　)。
A. 经济保障功能　　B. 控制经营成本
C. 改善经营绩效　　D. 支持企业变革
E. 塑造和强化企业文化

30. 被迫裁员企业，员工忠诚度管理的主要手段有(　　)。
A. 裁员要全员进行　　B. 裁员前要充分沟通
C. 裁员要人性化操作　　D. 裁员制度要严格
E. 减薪后要重建忠诚

三、简答题（本大题共 5 小题，每小题 5 分，共 25 分）

31. 简述客户导向的人力资源职能模式中的客户类型。
32. 简述岗位评价的实施步骤。
33. 为什么说员工到岗后的两周、两个月、两年是离职的临界期？
34. 简述课堂教学法的优缺点。
35. 简述提升员工关系管理的主要途径。

四、论述题（本大题共 2 小题，每小题 10 分，共 20 分）

36. 试述基于战略的关键绩效指标体系的建立步骤。
37. 试述企业薪酬体系的衡量维度。

五、案例分析题（本题 15 分）

38. 某市电视台广告部审核科的主要职责是：广告内容审核、广告合同审核、广告播出审核。最初，部门领导依据本部门的工作职责，将员工的工作职责在有关会议上进行口头分工。一段时间里，这种模糊的“工作分工”，使员工对自己的具体工作目标不清楚，也不知道哪些工作是自己职责范围内的，哪些是自己必须完成的，哪些是要与相关岗位的员工沟通、协作才能做好的。

因为岗位责任不清，电视台曾出现广告漏播、错播的问题，因监测数据录入不及时，还出现过广告播出证明无法出具的现象。更严重的是，出现问题后，员工间相互推诿与埋怨，有时员工心里清楚是谁的责任，但又无据可查，最后只好不了了之。

针对上述问题，该部门的主管与员工认为，有必要对工作岗位进行科学设计，于是，将部门工作分解到 5 个岗位：①广告内容审核；②广告合同审核；③广告播出审核；④广告监测；⑤资料管理。在岗位设计好以后，该部门用文字的形式对“岗位职责”进行了规范和明确。

一年后，该部门发生了如下变化：员工对岗位责任、难易程度、工作量和工作的风险性心中有数，从而减少了岗位目标的盲目性；由于职责明确，员工失误率、差错率明显减小，员工的工作积极性得到了较大提高。

请问：(1) 岗位设计的原则与方法有哪些？
(2) 如何解决岗位职责不清的问题？

全真模拟演练（三）参考答案及解析

一、单项选择题（本大题共 20 小题，每小题 1 分，共 20 分）

1. A　2. D　3. A　4. B　5. B
6. C　7. A　8. D　9. A　10. A
11. D　12. B　13. A　14. D　15. D
16. B　17. D　18. C　19. B　20. D

二、多项选择题（本大题共 10 小题，每小题 2 分，共 20 分）

21. ABCD　22. ABCD　23. CD　24. ABD　25. ABCDE
26. BDE　27. BCD　28. ABCDE　29. BCDE　30. BCE

三、简答题（本大题共 5 小题，每小题 5 分，共 25 分）

31. 以客户为导向的人力资源职能中的客户可以分为内部客户与外部客户。（1 分）

（1）内部客户是指存在于组织内部并对人力资源具有需求的个人或组织，包括了企业高管、各职能部门、员工和组织内工会等；（2 分）

（2）外部客户是指存在于组织之外的组织，包括企业客户、供应商、政府机构和公益性组织等。（2 分）

32.（1）前期准备。（1 分）

（2）成立岗位评价机构。（1 分）

（3）实施岗位评价。（1 分）

（4）确定岗位测评分值、调节系数。（1 分）

（5）确定评价结果。（1 分）

33.（1）员工两周内离开公司的原因：一是实际工作内容与招聘面谈内容有落差，即员工的知识、技能、经验等与岗位需求存在差异；二是对公司物理环境如办公、住宿等不满意。（2 分）

（2）员工两个月内离职主要与直接主管、本部门同事之间的工作方式、融洽程度等相关，在试用期的员工发现与上级和同事难以相处，就可能离开。（2 分）

（3）员工两年内离职主要与企业价值观、文化等相关。除此之外，还可能与员工的职业发展有关。（1 分）

34. 课堂教学法的优点在于：传授内容量大，有利于大面积培养人才；传授的知识比较系统、全面；对培训环境要求不高；学员可利用教室环境相互沟通；学员能够向教师请教疑难问题；而且这种培训员工平均培训费用较低。（3 分）

课堂教学中常常因为传授内容过多，学员难以吸收、消化；课堂教学这种方式容易导致理论与实践脱节，而且单向传授不利于教学双方互动，同时也不能满足学员的个性需求；一般情况下，这种传授方式较为枯燥单一，不适合成人学习方式。（2 分）

35. (1) 教育引导员工认同企业愿景及其共同价值观。(1 分)

(2) 明确各级管理者的责任。(1 分)

(3) 确保有效的沟通。(1 分)

(4) 建立全员激励机制。(1 分)

视论述详细情况再加 1 分。

四、论述题(本大题共 2 小题,每小题 10 分,共 20 分)

36. 第一步:确定企业级 KPI。(3 分)

(1) 明确企业战略和战略目标。

(2) 确定关键绩效领域。

(3) 设计企业级关键绩效指标。

第二步:确定部门级 KPI。(2 分)

(1) 企业 KPI 的分解。

(2) 部门职责。

第三步:确定个人 KPI。(3 分)

在企业级和部门级 KPI 确定之后,各部门的主管根据企业级 KPI、部门 KPI、岗位职责和业务流程,采用与分解企业级 KPI 相同的方法,将部门关键绩效指标进一步细分,分解出个人 KPI。

第四步:员工绩效评价指标的选择。(2 分)

(1) 指标的重要性。

(2) 指标之间的支撑作用。

37. 企业薪酬体系一般从三个纬度来衡量:薪酬总额、薪酬决定标准和薪酬结构。(1 分)

(1) 薪酬总额预算。这是企业为保持外部竞争性而相对于竞争对手或市场一般水平而进行的薪酬水准定位。可以根据企业的实际情况,采用领先于市场、追随市场或者低于市场水平的政策等。(3 分)

(2) 薪酬体系确定。薪酬体系是指决定薪酬高低的依据,岗位、技能、资历、绩效和市场状况等都可能是决定薪酬的依据。究竟按照什么依据来决定薪酬,取决于有关依据的特征和企业的具体状况。(3 分)

(3) 薪酬结构设计。薪酬结构是指薪酬的各个构成部分及其比重,通常指固定薪酬和变动薪酬、短期薪酬和长期薪酬、非经济薪酬和经济薪酬两两之间的比重。选择什么样的薪酬结构也取决于每一种结构的特征和具体的企业状况。(3 分)

五、案例分析题(本题 15 分)

38. (1) 原则:因事设岗原则;整分合原则;最少岗位数原则;规范化原则;客户导向原则。(5 分)

方法:组织分析法;关键使命法;流程优化法;标杆对照法。(4 分)

(2) 制定有效的岗位标准。明确各岗位的主要职责、工作项目、工作程序、平均定

额工时、年内频次和年定额工时等，并把各工序的时间消耗进行标准化、定量化。（3 分）

编制过程涉及：①准备工作，包括宣传，成立制标领导小组，组成测定队伍；②调查测定及编制，其过程包括：对所测岗位，先进行方法研究，再做技术测定；测定时的观察记录；测定资料的整理和分析；有效时间评定；拟定标准；初稿审核；上报修改；岗位发放。（3 分）

全真模拟演练（四）

（考试时间150分钟）

总分		题号	一	二	三	四	五
核分人		得分	20	20	25	20	15
复查人		得分					

一、单项选择题（本大题共20小题，每小题1分，共20分。在每小题列出的四个备选项中只有一个是符合题目要求的，请将其代码填写在题后的括号内。错选、多选或未选均无分。）

1. 人力资源的实质是（　　）。

A. 具有劳动能力的人口的总称

B. 人所具有运用物质资源进行物质财富和精神财富生产的能力

C. 生产中最活跃的能动资源

D. 形成财富的源泉

2. 人力资源管理的核心功能是（　　）。

A. 获取　　B. 整合

C. 培训开发　　D. 激励

3. 人力资源规划的目标在于真正做到（　　）。

A. 人力资源供需平衡　　B. 对组织具有导向作用

C. 人职匹配实现双赢　　D. 获取合适人才

4. 人力资源的供给和需求都存在的特点是（　　）。

A. 弹性　　B. 短期失衡性

C. 长期平衡性　　D. 刚性

5. 工作分析是组织人力资源管理的（　　）。

A. 核心　　B. 基础

C. 重点　　D. 关键

6. 为了保证访谈的信度和效率，一般宜采用（　　）。

A. 标准化的访谈法　　B. 非标准化的访谈法

C. 结构式访谈法　　D. 非结构式访谈法

7. 招聘工作的起点是（　　）。

A. 发布招聘信息　　B. 制订招聘计划

C. 确定职位空缺　　　　D. 实施招聘活动

8. 面试中的“晕轮效应”表现为(　　)。

A. 考官只用一方面的特性来判断应聘者的整体素质

B. 考官没有将有关应聘者的信息整合起来

C. 考官在面试时想到了应聘者的心理测试分数

D. 所有考官都向应聘者问类似的问题

9. 下列选项中不是按培训目的来划分的员工培训形式为(　　)。

A. 过渡性教育培训　　　　B. 知识更新培训

C. 专业人才培训　　　　D. 在职培训

10. 下列哪个不是对需求分析的层次分析(　　)。

A. 组织分析　　　　B. 任务分析

C. 人员分析　　　　D. 心理暗示法

11. 职业生涯是一个人一生中所有与职业相联系的行为与活动，以及相关的态度、价值观、愿望等经历的过程，这个过程是一个(　　)。

A. 动态的过程　　　　B. 静态的过程

C. 不断变化的过程　　　　D. 动态与静态相结合的过程

12. 在个人职业生涯设计的步骤中，其中最为基础的是(　　)。

A. 自我评价　　　　B. 确立目标

C. 环境评价　　　　D. 职业定位

13. 绩效管理中绩效考核指标设定的根本出发点在于(　　)。

A. 行为指标　　　　B. 结果指标

C. 个体特征指标　　　　D. 战略指标

14. 经过管理者和被管理者共同沟通，对被管理者的工作目标和标准达成一致意见，形成契约的过程，称为(　　)。

A. 绩效计划　　　　B. 绩效沟通

C. 绩效考核　　　　D. 绩效反馈

15. 根据部门的关键绩效、岗位职责和岗位业务流程得到的关键绩效指标是(　　)。

A. 战略级的 KPI　　　　B. 企业级的 KPI

C. 部门级的 KPI　　　　D. 个人的 KPI

16. 下列不属于直接经济性薪酬的是(　　)。

A. 保健计划　　　　B. 奖金

C. 津贴与补贴　　　　D. 股权

17. 要求薪酬应具有市场竞争能力，能够吸引和留住公司发展所需要的人才，是指薪酬体系设计时应具备(　　)。

A. 对内公正性　　　　B. 对外竞争性

C. 个人激励性　　　　D. 易于管理性

18. 将在同一个组织中，薪酬标准由于职位或技能等级的不同而形成的一种序列关系或梯次结构的形式，称为(　　)。

A. 薪酬等级　　　　B. 薪酬区间

C. 薪酬幅度　　D. 薪酬级差

19. 员工关系管理的核心部分是(　　)。

A. 让员工认同企业的愿景

B. 完善激励约束机制

C. 建立心理契约

D. 明确职能部室负责人和人力资源部门的职责

20. 合同当事人双方履行劳动合同所规定的义务法律行为，这一过程被称为(　　)。

A. 劳动合同的订立　　B. 劳动合同的履行

C. 劳动合同的变更　　D. 劳动合同的解除

二、多项选择题（本大题共 10 小题，每小题 2 分，共 20 分。在每小题列出的五个备选项中至少有两个是符合题目要求的，请将其代码填写在题后的括号内。错选、多选、少选或未选均无分。）

21. 人力资源管理的主要目标是(　　)。

A. 激励人力资源的最大使用价值　　B. 获取企业最大利润

C. 发挥人力资源最大主观能动性　　D. 提高人力资源的知识技能

E. 提高合作意识

22. 人力资源补充规划包括哪几个方面的内容(　　)。

A. 内部选拔　　B. 个别补充

C. 公开招聘　　D. 人员核查

E. 技能清算

23. 对工作分析有参考价值的背景资料主要包括(　　)。

A. 国家职业分类标准和国际职业分类标准

B. 行业或职业协会的有关资料

C. 编码和其他材料

D. 组织中的有关资料

E. 工作流程图

24. 企业要招聘高层管理人员，适宜选用的招聘渠道有(　　)。

A. 发布广告　　B. 猎头公司

C. 学校招聘　　D. 职业介绍所

E. 员工推荐

25. 制订培训计划的内容，表述正确的有(　　)。

A. 选定培训对象　　B. 设计培训课程

C. 选择培训时机　　D. 培训工作组织

E. 遴选培训讲师

26. 一般来说，完整的职业生涯管理要能够体现两方面的要求，这两方面是(　　)。

A. 员工个人职业发展的要求　　B. 组织发展的要求

C. 主管人员发展的要求　　D. 客户发展的要求

E. 供货商发展的要求

27. 绩效的性质包括（　　）。
A. 结果性　　B. 多因性　　C. 行为性　　D. 多维性
E. 动态性

28. 以人力资源部门为核心的绩效沟通的主要内容有（　　）。
A. 加强动员宣传　　B. 完善绩效计划
C. 做好绩效管理培训工作　　D. 监督绩效结果的应用
E. 建立绩效导向的企业文化

29. 企业薪酬体系的衡量维度主要有（　　）。
A. 薪酬文化的塑造　　B. 薪酬总额预算
C. 薪酬体系确定　　D. 薪酬结构设计
E. 薪酬等级的确定

30. 我国《劳动法》第 20 条规定，劳动合同的期限可以分为（　　）。
A. 固定期限　　B. 无固定期限
C. 任意期限　　D. 临时期限
E. 以完成一定的工作为期限

三、简答题（本大题共 5 小题，每小题 5 分，共 25 分）

31. 简述企业高管和部门负责人参与人力资源规划的作用。
32. 简述狭义岗位评价的定义。
33. 简述工作指导法的优缺点。
34. 简述绩效考核结果的运用。
35. 简述薪酬的种类。

四、论述题（本大题共 2 小题，每小题 10 分，共 20 分）

36. 试述职业生涯规划可以从哪几个角度进行。
37. 试述被迫裁员企业的员工忠诚度管理。

五、案例分析题（本题 15 分）

38. 从 1999 年起，可口可乐中国公司在中国投资扩张的速度开始放缓，大规模办厂也告一段落，公司开始进入了稳定发展阶段。当时与可口可乐竞争的企业不仅有百事可乐，还有国内的健力宝、汇源、娃哈哈、露露、统一、康师傅等企业。产品的市场竞争以及由此带来的人才的市场竞争，加上内部不尽完善的薪酬制度，导致了可口可乐公司的人员辞职率上升、员工绩效下降的现象。为了扭转这种局面，2000 年，可口可乐中国公司首先进行了重大的组织结构改革，然后对所有的职位进行全面的分析和职位评价，并在此基础上对薪酬制度做了重大调整，开始推行全面薪酬制度，将经济性和非经济性的薪酬真正融为一体，把薪酬范畴扩展到包括基本工资、绩效奖金、福利、股权、培训计划、职业生涯开发、员工沟通与参与、员工满意度提高等各个方面，同时还为本地员工朝国际化人才发展并进行国际人才交流创造了条件。

请结合可口可乐公司的情况，总结处于成熟稳定期薪酬战略的主要特点。

全真模拟演练（四）参考答案及解析

一、单项选择题（本大题共 20 小题，每小题 1 分，共 20 分）

1. B	2. D	3. C	4. D	5. B
6. C	7. C	8. A	9. D	10. D
11. A	12. A	13. B	14. A	15. D
16. A	17. B	18. A	19. C	20. B

二、多项选择题（本大题共 10 小题，每小题 2 分，共 20 分）

21. AC	22. ABC	23. ABDE	24. ABD	25. ABCDE
26. AB	27. BDE	28. ACE	29. BCD	30. ABE

三、简答题（本大题共 5 小题，每小题 5 分，共 25 分）

31. 让企业高管以及主要部门负责人全程参与人力资源规划，可以在方案制订的过程中充分挖掘他们的潜力，使计划、方案更加可行。(2 分)

他们参与了整个方案的制订，就会全力以赴执行落实。(1 分)

制订计划的过程本身就是一个最有效的沟通过程，相关部门之间沟通顺畅，会给执行带来直接的帮助。(2 分)

32. 狭义的岗位评价是指在工作分析的基础上，采取科学的方法，对企业内部各岗位的责任大小、工作强度、工作环境、工作难度、任职条件等因素进行评价（2 分），以确定各岗位在组织中的相对价值，最终确定岗位价值量高低的一系列方法和技术的总称(2 分)。岗位评价的结果直接应用于薪酬体系设计、员工的招募和培训等。(1 分)

33. 在工作指导中，新员工在师傅指导下开始工作，可以避免盲目摸索，从指导人处直接获取丰富的经验，而且能够尽快融入团队；特别是对于刚从高校毕业的学生来说，这种培训方法可以消除他们进入职场的紧张感；工作指导法还有利于企业传统优良工作作风的传递。(2 分)

但如果企业没有良好的制度保障，工作指导法有时并不能发挥出这些作用，例如，为防止新员工对自己构成威胁，指导者可能会有意保留自己的经验、技术，从而使指导浮于形式；指导者本身水平的高低对新员工的学习效果有极大影响；相反，指导者不良的工作习惯也会影响新员工；最为关键的是，采用个别指导法进行培训，不利于新员工的工作创新。(3 分)

34. (1) 用于报酬的分配和调整。(1 分)

(2) 用于职位的变动。(1 分)

(3) 用于员工培训和个人发展计划。(1 分)

(4) 作为员工选拔和培训的有效性的衡量标准。(1 分)

视论述详细情况再加 1 分。

35. 薪酬包括经济性薪酬和非经济性薪酬两大类。(2 分)

经济性薪酬分为直接经济性薪酬和间接经济性薪酬。直接经济性薪酬是单位按照一定的标准以货币形式向员工支付的薪酬，包括工资、奖金、津贴与补贴、福利、股权等。间接经济性薪酬不直接以货币形式发放给员工，但通常可以给员工带来生活上的便利、减少员工额外开支或者免除员工后顾之忧，如保健计划、住房资助、员工服务、带薪休假等。(2 分)

非经济性薪酬是指无法用货币等手段来衡量，但会给员工带来心理愉悦效用的一些因素，如良好的办公环境、融洽的人际关系、晋升、培训发展机会、上级的赞赏与认可等。(1 分)

四、论述题（本大题共 2 小题，每小题 10 分，共 20 分）

36. 一般来说，职业生涯规划可以从个人角度和企业角度划分成两个方面的内容。(2 分)

企业组织中的绝大多数员工，其中包括受过良好教育的员工，都有从自己现在和未来的工作中得到成长、发展和获得满意的强烈愿望与要求。为了实现这种愿望和要求，他们不断地追求理想的职业，根据个人的特点、企业发展的需要和社会发展的需要，制定自己的职业规划，称为个人职业生涯规划。(4 分)

在广大员工希望得到不断成长、发展的强烈要求的推动下，企业人力资源管理与开发部门为了了解员工个人的特点，了解他们成长和发展的方向及兴趣，不断地增强他们的满意感，并使他们能与企业组织的发展和需要统一协调起来，制订有关员工个人成长、发展的计划以及组织需求和发展相结合的计划，称为员工职业生涯管理。(4 分)

37. (1) 裁员前要充分沟通。裁员前，企业要将严重亏损、经营难以为继并濒临倒闭的事实和形势及裁员方案清楚地告知员工，充分听取工会和员工意见，得到员工的理解。不要害怕公布裁员消息，也许通过员工参与，还会从群众的智慧中获得改善的启示，找到恢复的机会。在沟通交流中，不排除会有员工提出帮助企业改善经营、减少裁员甚至免于裁员的金点子，企业应予以重视。此外，企业裁员要依法进行，方案应报告当地劳动管理部门，避免因违法操作而给企业声誉、信誉和经济带来不必要的损失。(4 分)

(2) 裁员中要人性化操作。裁员中企业要尽量确保公开、公平和公正，即信息要通过正式渠道及时公开，标准制订和执行要公平，裁员程序要公正。这样做可以使员工认识到，被裁不是因为自己不优秀、对企业不忠诚，而是因为企业在收缩业务后致使部分岗位消失、又无法在内部另行安置的结果，是企业迫不得已的选择。(3 分)

(3) 裁员后要重建忠诚。裁员后，企业管理者应及时公开信息，本着坦诚的态度与留职员工充分沟通，尽快消除裁员给其带来的心理阴影，重建安全感。(3 分)

五、案例分析题（本题 15 分）

38. 当企业发展进入到成熟稳定阶段，企业的规模、产品的销量和利润、市场占有率都达到了最佳状态。企业的营销能力、生产能力以及研发能力也处于鼎盛时期，企业及其产品的社会知名度很高。(3 分) 处在成熟稳定期企业的薪酬体系具备以下基本特征：

(1) 更加重视薪酬的内部公平性。由于本阶段企业内部管理更加规范，建立以职位为基础的薪酬体系更为容易，并且员工对薪酬的内部公平性也显得更为关注，这一时期的企业必须特别重视薪酬的内部公平性。(4分)

(2) 不再特别强调外部竞争性。在成熟稳定期不再特别强调薪酬的外部竞争性，并不是因为该阶段薪酬的外部竞争性变得不重要，而是因为该阶段的薪酬本身已经具有较强的外部竞争性，并且企业的品牌和影响力也有助于巩固企业对人力资源的竞争能力。更为重要的是，该阶段企业对优秀人才的获取开始从外部劳动力市场转向企业的内部劳动力市场。因为企业发展到成熟稳定阶段时，内部已拥有大量的人力资源，企业要做的是如何去发现和培养人才。(4分)

(3) 薪酬构成。处在成熟稳定期的企业，产品的市场占有率和资本收益率较为稳定，现金存量最多，这时企业支付给员工的基本工资很高，福利也最多，绩效奖金则相对较少。另外，因市场的进一步扩大，靠员工个人的力量难度加大，需要依靠团队作战，这时候企业必须强调组织效率和团队协作，要特别重视体现团队贡献的团队薪酬。(4分)

全真模拟演练（五）

（考试时间 150 分钟）

总分		题号	一	二	三	四	五
核分人		得分	20	20	25	20	15
复查人		得分					

一、单项选择题（本大题共 20 小题，每小题 1 分，共 20 分。在每小题列出的四个备选项中只有一个是符合题目要求的，请将其代码填写在题后的括号内。错选、多选或未选均无分。）

1. 绩效管理的核心是（　　）。
   A. 提高工作绩效　　B. 提高管理质量
   C. 绩效考核　　D. 绩效评估
2. 在人力资源管理的各项职能中最具有战略性和主动性的是（　　）。
   A. 工作分析　　B. 人力资源规划
   C. 培训开发　　D. 职业生涯管理
3. 人力资源规划在掌握组织内部信息的重点是（　　）。
   A. 人力资源现状方面的信息　　B. 经营方面的信息
   C. 管理方面的信息　　D. 组织外部环境
4. 人力资源规划的价值在于（　　）。
   A. 预测比较　　B. 制定
   C. 实施　　D. 评估
5. 运用观察法时直接影响工作分析结果的是（　　）。
   A. 详细的工作提纲　　B. 工作样本代表性
   C. 工作环境　　D. 任职者的心理反应
6. 工作分析的最终结果是（　　）。
   A. 组织结构图　　B. 工艺流程图
   C. 工作说明书和工作规范　　D. 部门职能说明书
7. 企业招聘员工常用的方法是（　　）。
   A. 笔试　　B. 面试
   C. 背景调查　　D. 情景模拟

8. 下列不是面试标准化程度类别的是(　　)。
A. 结构化面试　　B. 非结构化面试
C. 随意性面试　　D. 半结构面试

9. 一种通过会议形式，让所有参加者在自由愉快的气氛中自由交换想法，并以此激励与会者的创意及灵感的方法是(　　)。
A. 角色模拟法　　B. 头脑风暴法
C. 心理剧技术　　D. 心理暗示法

10. 下列选项中哪一项不是培训评估的整个过程的内容(　　)。
A. 评估规划　　B. 数据的分析与整理
C. 技能结果　　D. 评估报告的编写

11. 对于处在职业生涯发展40～50岁阶段的人来说，除了事业上大显身手之外，另一个主要任务是(　　)。
A. 继续充电　　B. 调整职业目标
C. 树立良好的形象　　D. 选择职业

12. 员工职业生涯管理中最核心的一块是对员工可能的各种职业发展途径做出安排，也称作(　　)。
A. 组织对员工的评估　　B. 职业信息的传递
C. 职业咨询与指导　　D. 员工职业发展设计

13. 在对被考核对象进行绩效考核时，对其未作要求和期望但可以达到的绩效水平，这种水平又称为(　　)。
A. 卓越标准　　B. 最低标准
C. 择优标准　　D. 基本标准

14. 根据企业发展战略、部门的职责和部门业务流程分解得到的关键绩效指标是(　　)。
A. 战略级的KPI　　B. 企业级的KPI
C. 部门级的KPI　　D. 个人的KPI

15. 保证支付给员工的薪酬在公司内部准确地反映了员工之间的相对劳动价值差别。是指薪酬体系设计时应具备(　　)。
A. 对内公正性　　B. 对外竞争性
C. 个人激励性　　D. 易于管理性

16. 职位薪酬体系的优点是(　　)。
A. 注重员工能力的提升　　B. 增强企业的灵活性
C. 有利于留住专业技术人员　　D. 同岗同酬，内部公平性较强

17. 假定薪酬等级的区间中值级差越大，同一薪酬区间的变动幅度越小，则薪酬区间的重叠区域就(　　)。
A. 越大　　B. 不变　　C. 越小　　D. 不能确定

18. 员工关系管理的起点是(　　)。
A. 让员工认同企业的愿景
B. 完善激励约束机制

C. 建立心理契约

D. 明确职能部室负责人和人力资源部门的职责

19. 劳动合同应以书面形式订立，并包括(　　)。

A. 必备条款　　B. 协商条款

C. 必备条款和协商条款　　D. 其他条款

20. 企业有权提出解除劳动合同的条件是(　　)。

A. 因工伤残，因病或非因工伤在规定的医疗期限内的

B. 在试用期间，发现员工不符合录用条件的

C. 女工在怀孕、生育和哺乳期的

D. 员工家庭遇到严重的自然灾害和严重的意外灾害的

二、多项选择题（本大题共 10 小题，每小题 2 分，共 20 分。在每小题列出的五个备选项中至少有两个是符合题目要求的，请将其代码填写在题后的括号内。错选、多选、少选或未选均无分。）

21. 人力资源规划的基本步骤是(　　)。

A. 准备阶段　　B. 预测比较阶段

C. 制定阶段　　D. 实施阶段

E. 评估阶段

22. 人力资源规划作为一个动态平衡过程，其具体活动包括(　　)。

A. 建立人力资源档案　　B. 进行人力资源预测

C. 采取管理行动　　D. 实施控制评估

E．经营方面的信息

23. 一份比较完备的工作说明书应该具备(　　)。

A. 工作标识　　B. 工作概述

C. 工作内容　　D. 工作条件和环境

E. 绩效标准

24. 筛选简历时应该注意的问题有(　　)。

A. 根据事实依据评价简历的可信度

B. 推荐人必须与本单位有业务联系

C. 应根据应聘人员的经历，预测其职业生涯发展的趋势

D. 在学历方面，内聘人员要求应低一些，外聘人员应高一些

E. 仅仅依靠外貌来衡量

25. 实行案例研究法，应注意(　　)。

A. 案例具有真实性　　B. 案例要和培训内容相一致

C. 案例的呈现要客观生动　　D. 语言简洁、问题清楚明了

E. 案例不能只包括唯一的答案

26. 职业生涯可以分为(　　)。

A. 长期职业生涯　　B. 终生职业生涯

C. 短期职业生涯　　D. 内职业生涯

E. 外职业生涯

27. 绩效反馈面谈的主要目的有(　　)。

A. 对被考核者的表现达成双方一致的看法

B. 使员工认识到自己的成就和优点

C. 指出员工有待改进的方面

D. 协商下一个绩效周期的目标与绩效标准

E. 对员工做出绩效奖惩

28. 部门级关键绩效指标的主要来源有(　　)。

A. 行为层面的绩效指标　　B. 企业层面的绩效指标

C. 结果层面的绩效指标　　D. 部门的职责

E. 个人层面的绩效指标

29. 下列属于非经济性薪酬范畴的有(　　)。

A. 良好的办公环境　　B. 融洽的人际关系

C. 发展机会　　D. 培训

E. 上司的赞赏与认可

30. 员工关系管理的主要职责是协调(　　)。

A. 员工与管理者的关系　　B. 员工与经销商的关系

C. 员工与客户的关系　　D. 员工与公司的关系

E. 员工与员工的关系

三、简答题（本大题共 5 小题，每小题 5 分，共 25 分）

31. 简述 X 理论的基本内容。

32. 简述面试的种类。

33. 简述角色扮演法的优缺点。

34. 如何建立基于平衡计分卡的关键绩效指标体系？

35. 简述劳动合同的基本内容。

四、论述题（本大题共 2 小题，每小题 10 分，共 20 分）

36. 试述员工招聘流程的管理。

37. 试述企业薪酬总额确定的依据。

五、案例分析题（本题 15 分）

38. 周经理近来很不顺心，各部门都向人力资源部门要人，可一时哪有那么多合适的人啊？这种情况在一年中已出现了三次，周经理不明白是这些部门发了疯，还是自己的工作出了错。为了减轻工作压力，周经理独自来到熟悉的酒楼用餐，无意间听到了一段酒楼经理和顾客的对话。

一名顾客一脸不悦地向酒楼经理抱怨：“前天我和家人来用餐，一致认为青椒童子鸡最好吃，当时青椒童子鸡是限量供应特色菜；今天我专门请同事来品尝，还特地赶了个大早。不想今天青椒童子鸡成了限时特价菜，害得我被同事嘲笑了一番，说我赶早是为了请大家吃便宜菜。你听，他们还在包间里笑呢。”

一旁的周经理不禁失笑，一个不知道外面供应什么，一个不知道自己需要什么，不出乱子才怪。但转念一想，自己不正犯着同样的错误吗？一方面不清楚公司内部的人员情况，每次缺人都措手不及；另一方面也不清楚劳动力市场供给情况，常常一时招不到合适的人。原先的嘲笑变成了自嘲，但这顿晚餐让周经理觉得非常满意。

请问：（1）周经理从对话中悟出了什么道理？

（2）你认为周经理回到公司后，会如何解决他所面临的难题？

全真模拟演练（五）参考答案及解析

一、单项选择题（本大题共 20 小题，每小题 1 分，共 20 分）

1. C　2. B　3. A　4. C　5. B
6. C　7. B　8. C　9. B　10. C
11. A　12. D　13. A　14. C　15. A
16. D　17. C　18. A　19. C　20. B

二、多项选择题（本大题共 10 小题，每小题 2 分，共 20 分）

21. ABCDE　22. ABCD　23. ABCDE　24. AC　25. ABCE
26. DE　27. ABCD　28. BD　29. ABCDE　30. ADE

三、简答题（本大题共 5 小题，每小题 5 分，共 25 分）

31. 在 1960 年出版的《企业的人性方面》一书中，麦格雷戈把流行于当时管理活动中的人性假设称为 X 理论，这一理论认为：

(1) 一般人就本性而言大都趋利避害、好逸恶劳，只要有可能，他们总是设法逃避工作；(2 分)

(2) 要想使绝大多数人努力工作，实现组织目标，必须通过强迫、处罚、威胁等手段；(2 分)

(3) 一般人大多得过且过、逃避责任，把个人的安全看成是最重要的。(1 分)

32. (1) 结构化面试，指根据对职位的分析，确定面试的测评要素，在每一个测评的维度上预先编制好面试题目并制定相应的评分标准。(2 分)

(2) 非结构化面试，指在面试中事先没有固定框架结构（指没有预先确定测评要素等），也不对被测评者使用有确定答案的固定问题的一种面试方法。(2 分)

(3) 半结构化面试，是一种处于结构化和非结构化面试之间的一种面试。(1 分)

33. 这种培训方法的优点是学员参与性强，学员与教师之间的互动交流充分，可以提高学员培训的积极性；特定的模拟环境和主题有利于增强培训效果；通过观察其他学员的扮演行为，可以学习各种交流技能；通过模拟后的指导，可以及时认识到自身存在的问题并进行改正；在提高了学员的业务能力的同时，也提高了其反应能力和心理素质。(3 分)

这种培训方法的不足之处是场景的人为性降低了培训的实际效果；模拟环境并不代表现实工作环境的多变性；扮演中的问题分析限于个人，不具有普遍性。(2 分)

34. (1) 明确企业战略和战略目标。(1 分)

(2) 确定关键绩效指标体系。①财务维度。财务指标是其他三个维度指标的出发点与归宿，财务绩效指标显示了公司的战略及执行是否有助于利润的增加。(1 分) ②顾客维度。通常顾客维度的指标有 5 类：公司形象、市场份额、顾客满意度、顾客维持和顾客获取。（1分）③内部流程维度。优异绩效来自组织中所发生的程序、决策和行为。因此，需要关注这些能满足公司战略实现的关键的内部经营活动。（1分）④学习与成长维度。学习与成长，是指公司不断创新、提升学习能力，提高管理水平，从而增强核心竞争力，最终提高企业经营业绩。（1分）

35.（1）劳动合同期限。（1分）

（2）工作内容。（1分）

（3）劳动保护和劳动条件。（1分）

（4）劳动报酬。（1分）

（5）劳动纪律。（1分）

（6）劳动合同终止条件。

（7）违反劳动合同的责任。

答对5点或5点以上则满分。

四、论述题（本大题共2小题，每小题10分，共20分）

36.（1）招聘决策管理。招聘决策就是组织在招聘工作正式开展前，对招聘工作的具体行动进行全面计划的过程。（2分）

（2）招聘前的准备。规模较大的公开招聘工作是一项比较烦琐的系统性工作，应该在工作开始之前周到考虑各个环节，充分准备，做到应对自如，有条不紊。（2分）

（3）招聘的具体实施。当一切都准备妥当后，就正式进入招聘的实施阶段。（2分）

（4）应聘者的甄选。要注意选拔维度的正确，避免选拔误区等。（2分）

（5）新员工的管理。新员工管理成功，才能巩固招聘的成果。针对新员工的管理工作主要是通过对新员工进行培训。（2分）

37.一般来说，主要依据企业支付能力、员工基本生活费用及一般市场行情等因素来计算薪酬总额。（1分）

（1）企业支付能力的衡量。要想确定一个合理的薪酬总额，就必须将企业的支付能力精确量化，通常以下几个指标来衡量：销售额与人工费用比率、劳动分配率、损益平衡点。（3分）

（2）员工基本生活费用的衡量。员工的基本生活费的支出是企业必须支付的人工成本，如果企业的薪酬水平很低以至于无法满足员工基本生活方面的支出，员工很可能选择离开，企业也就难以生存。因此，薪酬水平至少应该高于员工基本生活费用的支出。一般来说，员工基本生活支出的确定可依据消费者物价指数、货币购买力、基本生活消费品的项目等指标来衡量。（3分）

（3）一般市场行情。通过市场薪酬调查，了解当地通行的薪酬水平，将本地企业的薪酬与之对比，决定企业的总体薪酬额。（3分）

五、案例分析题（本题15分）

38.（1）悟出了人力资源规划的重要性。（5分）

（2）制定企业的人力资源规划，首先确认现阶段企业经营战略。（2 分）其次对现有人力资源进行盘点。（2 分）再次对人力资源的需求和供给进行预测，确定人力资源的净需求。（2 分）最后执行规划。（2 分）同时对规划实施监控与评估。（2 分）

全真模拟演练（六）

（考试时间 150 分钟）

总分		题号	一	二	三	四	五
核分人		得分	20	20	25	20	15
复查人		得分					

一、单项选择题（本大题共 20 小题，每小题 1 分，共 20 分。在每小题列出的四个备选项中只有一个是符合题目要求的，请将其代码填写在题后的括号内。错选、多选或未选均无分。）

1. 人力资源经理战略思维的胜任特征中提到，一个合格的人力资源经理要了解企业各部门的技术特征，能把各部门的职能有机地组合起来，从而形成（　　）。

A. 企业理念　　B. 企业文化

C. 企业使命　　D. 企业战略

2. 在国际上，大中型优秀企业配置的人力资源部专职人员能够占公司总人数的（　　）。

A. 0.5%　　B. 1%

C. 1.5%　　D. 2%

3. 人力资源规划与企业战略之间存在三种不同的关系，除了（　　）。

A. 随动关系　　B. 孤立关系

C. 依附关系　　D. 结合关系

4. 策略地利用外界资源，将企业内部与人力资源相关的工作与管理责任部分或全部转由专业服务机构承担的企业业务外包的一种形式是（　　）。

A. 人力资源外包　　B. 媒体公关管理外包

C. 客户服务外包　　D. 市场营销外包

5. 通过访问任职者，了解他们所做的工作内容，为什么这样做与怎么样做，由此获得岗位工作的资料。这种工作分析方法被称为（　　）。

A. 观察分析法　　B. 问卷分析法

C. 工作日志法　　D. 访谈分析法

6. 各个岗位的员工根据自己的工作内容粗略写出本岗位的岗位职责。这属于一般工作说明书中的（　　）。

A. 专家调查访谈　　B. 员工编写初稿

C. 主管审核签字　　D. 专家培训

7. 现在企业招聘发展的新动向就是面谈时间(　　)。

A. 越来越随意　　B. 越来越短

C. 与企业规模相关　　D. 越来越长

8. 下列不属于面试标准化程度类别的是(　　)。

A. 结构化面试　　B. 非结构化面试

C. 随意性面试　　D. 半结构面试

9. 既属于企业发展不可忽视的“人本投资”，又是提高企业“造血功能”的根本途径，这种职能是(　　)。

A. 规划　　B. 招聘

C. 培训　　D. 考评

10. 网上培训的优点是(　　)。

A. 体现团队精神　　B. 大大节约培训费用

C. 监督性很强　　D. 提高沟通技巧

11. 在个人职业生涯设计的步骤中，其中最为基础的是(　　)。

A. 自我评价　　B. 确立目标

C. 环境评价　　D. 职业定位

12. 导致员工进入职业生涯高原期的员工因素不包括(　　)。

A. 员工的培训不足，自我学习不够　　B. 员工个人能力不够

C. 员工岗位职务不清　　D. 员工个人的低成就需求

13. 以部门经理为核心的绩效计划沟通内容不包括(　　)。

A. 要把企业的战略规划和发展目标清晰地传达给员工，将企业经营目标转换为绩效指标

B. 将部门绩效目标进行分解，通过目标本身的沟通让员工认同工作目标和绩效指标

C. 不需要针对实现目标所需要采取的方法和措施进行沟通

D. 就是解决实现目标所需的资源支持问题，为顺利完成目标计划做充分的资源准备

14. 在确定部门级关键绩效指标时，指标较少来自于其部门职责的部门是(　　)。

A. 行政办公室　　B. 财务部

C. 人力资源部　　D. 销售部

15. 问卷分析方法的操作程序不包括(　　)。

A. 问卷及调查方法设计　　B. 确定调查对象及问卷发放与收集

C. 组织问卷培训　　D. 问卷分析与结果调整

16. 真正把人性假设作为人力资源管理学中一个重要问题来加以探讨的学者是(　　)。

A. 美国 沙因　　B. 日裔美籍 大内

C. 美国 薛恩等　　D. 美国 麦格雷戈

17. 薪酬对员工来说，不包括以下哪项功能(　　)。

A. 经济保障功能　　B. 控制经营成本

C. 心理激励功能　　D. 社会信息功能

18. 在设计任何绩效薪酬时都必须做出的关键决策是(　　)。

A. 绩效计划　　B. 绩效认可

C. 绩效沟通　　D. 绩效结果运用

19. 劳动者和用人单位确立劳动关系、明确双方权利和义务的协议，称为(　　)。

A. 劳动关系　　B. 雇佣合同

C. 雇佣关系　　D. 劳动合同

20. 企业有权提出解除劳动合同的条件是(　　)。

A. 因工伤残，因病或非因工伤在规定的医疗期限内的

B. 女工在怀孕、生育和哺乳期的

C. 在试用期间，发现员工不符合录用条件的

D. 员工家庭遇到严重的自然灾害和严重的意外灾害的

二、多项选择题（本大题共 10 小题，每小题 2 分，共 20 分。在每小题列出的五个备选项中至少有两个是符合题目要求的，请将其代码填写在题后的括号内。错选、多选、少选或未选均无分。）

21. 企业对人的管理经历的发展阶段在转变过程中，具有的主要特点是(　　)。

A. 组织性质的转变　　B. 管理角色的转变

C. 管理职能的转变　　D. 管理战略的转变

E. 管理模式的转变

22. 高级阶段总部人力资源管理的作用主要体现在(　　)。

A. 把握人力资源的总体政策

B. 完善人力资源管理的组织体系、系统性策划

C. 组织与推进人力资源管理体系的建设

D. 具体推进人力资源管理工作

E. 在集团范围内推动企业文化建设、人力资源管理工作的整体协调与监督

23. 根据人才对战略的价值，可将人才分为(　　)。

A. 核心人才　　B. 技能型人才

C. 独特人才　　D. 通用型人才

E. 辅助型人才

24. 下列关于组织分析法描述正确的有(　　)。

A. 首先从整个组织的远景和使命出发，设计一个基本的组织模型

B. 然后根据具体的业务流程需要，设计不同的岗位

C. 注意力集中于关键岗位，可以用较少的投资得到较高的回报

D. 能深入解决许多细节问题，尤其适合于一个大型的传统组织

E. 现实中，岗位设计往往会过于复杂和具体；需要客户的大力支持

25. 针对新员工的管理工作，主要包括通过培训，让新员工(　　)。

A. 很短时间全身心投入企业工作　　B. 了解组织文化、政策及规章制度

C. 形成融洽的企业文化、员工关系　　D. 熟悉、掌握工作流程、技能

E. 熟悉工作环境、岗位环境、人事环境，熟悉工作内容、性质、责任

26. 企业的核心胜任力包括(　　)。

A. 核心运作能力　　B. 核心高管团队

C. 核心经营能力　　D. 核心技术竞争力

E. 核心业务能力

27. 如何选择和规划自己的职业生涯，将受到主客观条件的制约，这些条件包括(　　)。

A. 社会关系　　B. 学识

C. 爱好　　D. 机遇

E. 工作环境

28. 绩效反馈面谈的主要目的有(　　)。

A. 对被考核者的表现达成双方一致的看法

B. 使员工认识到自己的成就和优点

C. 指出员工有待改进的方面

D. 协商下一个绩效周期的目标与绩效标准

E. 对员工做出绩效奖惩

29. 一般来说，企业实施技能薪酬体系的条件主要包括(　　)。

A. 健全的技能评价体系　　B. 扁平化的组织结构

C. 高度的员工参与　　D. 完备的培训机制

E. 工作结构性较高、专业性较强

30. 下列属于员工关系管理的是(　　)。

A. 劳动关系管理　　B. 沟通关系管理

C. 员工情况管理　　D. 企业文化建设

E. 服务与支持

三、简答题（本大题共 5 小题，每小题 5 分，共 25 分）

31. 简述 Y 理论的基本观点。

32. 简述岗位设计方法中的组织分析法的优缺点。

33. 简述心理测验的优点。

34. 简述企业绩效考核失效一般表现在哪些方面。

35. 简述劳动者与企业签订和变更劳动合同时必须遵循的原则。

四、论述题（本大题共 2 小题，每小题 10 分，共 20 分）

36. 试述职业定位及职业定位的注意事项。

37. 试述实施案例研究法的基本要求。

五、案例分析题（本题 15 分）

38. 小李是一个优秀的物流管理人才，有着多家大型快速消费品企业的物流管理经验，而且业绩突出，在业内享有盛名。

A 公司是一家 2005 年 10 月注册成立的快速消费品生产和销售企业。由于产品独特，一投入市场，便有大批订单蜂拥而至。2006年入夏以来，随着业务量的激增，物流运转不够顺畅，物流成本不断增加，效率大打折扣，一些经销商的不满情绪渐增。在这种情况下，公司迫切需要一位优秀的物流管理人才。

此时，恰逢想换换工作环境和希望接受挑战的小李前来应聘，人力资源部经理久闻小李大名，见机会难得，直接上报总裁。总裁求贤若渴，亲自上阵面试，经过交谈，发现小李的确是自己梦寐以求的物流管理人才，于是当场拍板，让小李次日上班，担任物流部经理。

人力资源部经理和总裁如释重负。但是，三个星期以后，二人都意外地收到小李的辞呈。经过多方面了解，人力资源部经理弄清了小李离职的原因：①思想活跃、喜欢创新和挑战的小李与保守稳重的直接上级——生产副总多次因意见不统一而发生冲突；②小李在A公司物流部面对一群“素质不高”的同事，经常产生一种“曲高和寡”的孤独感；③小李无法适应一个各项制度不健全、管理流程混乱的企业，认为在这样的企业，自己的能力无从施展。

请问：从人力资源管理的员工招聘理论角度分析此次招聘失败的原因，从案例中能够得出什么启示？

全真模拟演练（六）参考答案及解析

一、单项选择题（本大题共 20 小题，每小题 1 分，共 20 分）

1. B　2. B　3. C　4. A　5. D
6. B　7. D　8. C　9. C　10. D
11. A　12. C　13. C　14. D　15. C
16. D　17. B　18. B　19. D　20. C

二、多项选择题（本大题共 10 小题，每小题 2 分，共 20 分）

21. ABCE　22. ABCE　23. ACDE　24. ABDE　25. BDE
26. AD　27. BCDE　28. ABCD　29. ABCDE　30. ABCDE

三、简答题（本大题共 5 小题，每小题 5 分，共 25 分）

31. （1）就其本质而言，工作和游戏一样是自然的，可以是快乐的源泉，而不一定是被迫的；（1 分）

（2）外力的控制和处罚都不是促使人们为组织目标作出努力的唯一手段，人们在为承诺的目标服务中，将会实行自我指导与控制；（1 分）

（3）承担目标的程度，是和与他们的成绩相联系的报酬直接相关的；（1 分）

（4）在适当的条件下，一般人不仅可以学会接受任务，而且也将学会寻求承担组织任务；（1 分）

（5）在解决种种组织问题时，大多数人具有相对的高度想象力、机智和创造的能力。（1 分）

32. 组织分析法，首先是从整个组织的远景和使命出发，设计一个基本的组织模型。然后，根据具体的业务流程需要，设计不同的岗位。（1 分）

优点：能深入解决许多细节问题，尤其适合于大型的传统组织，在从事变革之前，需要对方方面面进行确认；提供广泛的组织和岗位的设计；能提交一个与公司长远战略一致的解决方案。（2 分）

缺点：往往会成为基于对一个比较理想的组织模型的设计。这种方法适用于一个企业具有明确的目标，并有长远的战略去实现这个目标。而现实情况往往不是这样；岗位设计往往会过于复杂和具体；需要客户的大力支持。（2 分）

33. （1）使用方法简单，操作方便，测验效率高；（1 分）

（2）测验内容集中，测验标准和成绩客观性强；（1 分）

（3）可以通过计算机来测验，结果反馈快；（1 分）

（4）成本低。（1 分）

视论述内容再加 1 分。

34. （1）考核结果难以应用，缺乏激励性。（1 分）

(2) 绩效考核流于形式。(1分)

(3) 各部门制定的绩效考核标准缺乏整体性和系统性。(1分)

(4) 考核方法与主观效果产生背离。(1分)

(5) 人为因素。(1分)

35. (1) 平等自愿的原则,指签订和变更劳动合同的双方在法律地位上是平等的,并完全出于双方当事人自己的真实意见;(2分)

(2) 协商一致的原则,指双方就合同的所有条款进行充分协商,达成双方意思一致;(2分)

(3) 不得违反法律、行政法规的原则,即不得违反劳动合同的合法原则。(1分)

四、论述题 (本大题共2小题,每小题10分,共20分)

36. 职业定位就是要为职业目标与自己的潜能以及主客观条件谋求最佳匹配。良好的职业定位是以自己的最佳才能、最优性格、最大兴趣、最有利的环境等信息为依据的。(2分)

职业定位过程中要考虑性格与职业的匹配、兴趣与职业的匹配、特长与职业的匹配、专业与职业的匹配等。职业定位应注意:

(1) 依据客观现实,考虑个人与社会、单位的关系;(2分)

(2) 比较鉴别,比较职业的条件、要求、性质与自身条件的匹配情况,选择条件更合适和更符合自己特长、更感兴趣、经过努力能很快胜任、有发展前途的职业;(2分)

(3) 扬长避短,看主要方面,不要追求十全十美的职业;(2分)

(4) 审时度势,及时调整,要根据情况的变化及时调整择业目标,不能固执己见,一成不变。(2分)

37. (1) 案例要具有真实性,不能随意捏造,在缺乏案例的情况下,可鼓励培训对象从自己的工作环境中寻找案例,这样也有利于学员自身能力的提高;(2分)

(2) 案例要和培训内容相一致;(2分)

(3) 案例的呈现要客观生动,不能只是一些事例、数据的罗列;(2分)

(4) 案例不能只包含唯一的答案;(2分)

(5) 教学中采取分组讨论法,并且每一个人都要提出自己的意见和看法,讨论结束后,要公布讨论结果,并由培训顾问再对培训对象进行引导分析,直至达成共识。(2分)

五、案例分析题 (本题15分)

38. 小李的闪电式离职令人深思。究其原因,根源在于A公司的招聘失误。具体表现在:(2分)

(1) 从总体上说,失误在一个"急"字。(2分)

(2) 招聘策略失误,人才与组织不匹配,这是造成小李闪电式离职的最主要原因。表现在:①没有考察个人与团队的融合程度。②没有考察个人对企业现状的适应程度。(3分)

(3) 招聘准备不足。主要表现在：①没有明确的选人标准。②人才评价方法和工具缺失。(3分)

(4) 招聘流程上失误。A公司没有考虑怎样合适地去聘人的问题，这为小李的离职埋下了伏笔。(2分)

启示：招聘的最大挑战不在于聘到人才，而在于聘到合适的人才，而且要合适地去招聘人才。(3分)